Hackeando EL CAMBIO

Dr. Marcelo Muñoz Rojas

Con la colaboración del
Coach Clemente Baeza

Título original: Hackeando el cambio
Marcelo Muñoz Rojas
© Marcelo Muñoz Rojas

Editado por Mandroque de Gustavo Talavera R.
editor@mandroque.com
Jr. El Galeón 224 Surco, Santiago de Surco - Lima
RUC 10450333064
Diseño y diagramación: Julieta Luna Mercado

Marketing Digital: MarohuMarketing.Pe

Primera edición: Abril 2020
Tiraje: 500 ejemplares

Impreso por PC servicios gráficos y publicitarios
Plaza Castilla 28 F31 Centro Comercial Unicenter (Nivel C, segundo C).

ISBN: 978-0-578-69201-2

Hecho el Depósito Legal en la Biblioteca Nacional del Perú

Agradecimientos

Agradezco a todos los alumnos y coachees que han participado activamente de mis procesos de coaching, seminarios, webinar y entrenamientos en todo Latinoamérica, ya que sin ustedes, no hubiese sido posible recopilar tanto conocimiento desde experiencias reales que hemos vivido en conjunto, y en especial a mi amigo, coach y cable a tierra Clemente Baeza por ser partícipe de este sueño.

Dedicatorias

Quiero dedicar este libro a mis padres, Margarita y Jorge, quienes con su amor y dedicación hacia mí se convirtieron en mi mayor fuente de inspiración y aprendizaje desde niño.

A Karo, mi compañera de vida, quien aunque en ocasiones no entiende mis pensamientos siempre me acompaña y me ayuda a tomar las mejores decisiones gracias a su visión crítica que me encanta.

A mi nuevo hijo Benjamín, somos muy parecidos en algunas cosas y muchas veces, me veo reflejado en él en las preguntas que hace y los análisis de la vida cotidiana y como enfrentar la vida.

A mi socia Jeanette, que si bien es cierto, llevamos poco tiempo conociéndonos, es como que lleváramos toda una vida, me encanta discutir con ella y creo que como tiene una mirada distinta a la mía, nos complementamos muy bien.

A mi hija, la luz de mis ojos, con quien tengo largas conversaciones que me regalan su visión del mundo, gracias a ella puedo repensar y estar en constante cambio para ser una mejor versión de mí mismo.

Marcelo Muñoz Rojas

A mi querida familia, cuyo incondicional apoyo me brinda el empuje y la fuerza de adaptación a los continuos cambios.

A mi amigo Marcelo por permitirme el honor de acompañarle en este proyecto.

Clemente Baeza

Prólogo

Estamos viviendo una etapa de desafíos no solo empresariales, sino que sociales y especialmente personales, lo que hace que nos desestabilicemos, aparezca la resistencia a cualquier cambio posible e incluso el miedo.

De aquí que esta es una lectura infaltable para todas las empresas y personas que necesitan una guía para sobrevivir a los cambios permanentes, que son cada vez más rápidos en esta cuarta revolución industrial.

Incluso sugiero este libro como una guía y casi un manual de consulta frecuente, dado que mediante una lectura fácil de seguir y muy interesante, aborda temas de liderazgo, mentoring, emprendimiento, autogestión, gestión del cambio, y especialmente la resistencia y miedo al cambio, cómo lo sobrellevamos y cómo lo tomamos como una oportunidad también, en lo personal, en los negocios. Es imposible no quedarse pensando en las muchas opciones que tenemos y que podemos abordar, que tal vez no habíamos considerado: lanzarnos a emprender, o tal vez hacer mentorías, o solo hacer las mismas cosas pero de manera diferente.

Y finalmente "Hackeando el cambio" deja en claro que como personas, colaboradores y líderes más que solo sobrevivir a los constantes cambios, podemos tomarlos como una oportunidad de desarrollo y crecimiento, tanto organizacional como personal.

Las oportunidades están, los caminos se abren.

Tomemos esta guía como un empujón a avanzar y recorrer de mejor forma, los "nuevos" tiempos, para nosotros, nuestras empresas y nuestros colaboradores.

Tania Yovanovic

Introducción

"Hackeando el cambio" ha sido desde toda perspectiva un desafío, la gestación de la idea, su desarrollo, su diseño e incluso el título, que nos impulsa a pensar en el concepto de "hacker o jáquer" que tiene diversos significados, más allá de aquel aplicado a la informática y que según el diccionario de los hackers "es todo individuo que se dedica a programar en forma entusiasta, o sea un experto entusiasta de cualquier tipo" que considera que poner la información al alcance de todos constituye un extraordinario bien.

De allí que nos sintiésemos identificados con aquello de "entusiastas expertos" pues una de las características personales que hemos trasuntado al libro es el entusiasmo, al igual que nuestra experiencia frente al cambio, misma que nos ha permitido reinventarnos, reconstruirnos en innumerables ocasiones y continuar haciéndolo permanentemente, en beneficio personal y de quienes nos rodean.

"Hackeando el cambio" es el resultado entonces, de un genuino interés por contribuir con otras personas para entender cómo podemos desde nosotros mismos, con nuevas miradas, nuevos enfoques, mejorar nuestro entorno laboral, social, familiar, etc.; es una manera de dar un paso en positivo pero desde bases realistas y pragmáticas para avanzar y colaborar en todo nuestro quehacer como seres humanos, brindándonos un sentido claro y profundo de nuestras vidas.

1
Lo único constante es el cambio

"Locura es hacer la misma cosa una y otra vez esperando obtener diferentes resultados".

Albert Einstein

De todos los fenómenos que existen en la naturaleza el elemento **"cambio"** es una constante primordial. No importa el nivel de madurez de la persona u organización a la cual pertenezca; si de algo podemos estar seguros es que nada permanece, todo cambia, es parte fundamental en el proceso de evolución que nos caracteriza como especie.

Los cambios pueden ser de diferentes tipos: Internos o externos, acompasados o de improviso, voluntarios o involuntarios, grandes o pequeños. Todos son inevitables y en algunas situaciones representan un verdadero desafío intelectual y espiritual. Una de las emociones que prevalece ante las situaciones de cambio es el miedo.

Quienes se encuentran a las puertas de un gran cambio en sus vidas ofrecen distintos niveles de resistencia, de forma consciente o inconsciente. Es nuestro trabajo e interés ayudar a otros a develar los motivos ocultos que afectan el proceso de toma de decisiones y adaptabilidad a través de las herramientas para la gestión del cambio.

En este sentido, el primer paso es **asumir una postura firme.** Nos adelantamos al evento en cuestión o aprendemos a reaccionar de forma eficaz a este. Si hay algo cierto es que, quien decide dejarse llevar por la marea adopta la posición de víctima y termina perdiendo el control que necesita para lograr superar todas las etapas y dificultades de la vida, ya sea en el ámbito personal, profesional u organizacional.

¿Cuántas veces nos quedamos en el papel de víctima?

Vivir desde el culpar a otros es un rasgo típico del ser humano, el vivir en sociedad se ha prestado para eso, para vivir con el dedo hacia afuera señalando a los otros en vez de ver hacia dentro y empezar a entender la responsabilidad de nuestras acciones y el poder que tenemos de generar cambios en nuestra vida.

Por el contrario, podemos asumir el rol de protagonistas, pues desde esta posición podemos asumir no solo el liderazgo sino también la responsabilidad de la situación. Para tener un papel efectivo debemos mejorar nuestras habilidades analíticas y de percepción de la realidad, así como trabajar de manera profunda en la gestión del cambio.

En fin, se trata de jugar el juego de la vida en posición adelantada. Abandonando la zona de confort y perdiendo el estado de equilibrio para poder aceptar riesgos y obtener mayores recompensas.

Desde la neurobiología resulta asombroso ver la capacidad de cambio innata que tienen las personas. De hecho, el cerebro es capaz de modificar sus conexiones (sinapsis) a fin de generar nuevos patrones de conducta, aprendizaje, comportamiento, memoria, etc., en muy poco tiempo. Esta propiedad, definida por los científicos como plasticidad se encuentra presente en mayor o menor grado desde el nacimiento.

Sin embargo, la neuroplasticidad no explica por qué las personas tienden a rechazar los cambios con tanta vehemencia. ¿Por qué si el sistema fue diseñado para adaptarse a los cambios nos resulta tan difícil adquirir nuevas conductas y patrones de pensamiento?

El arquitecto de la vida concibió el cerebro humano como una supercomputadora capaz de realizar tareas altamente complicadas de forma casi instantánea. No existe en la actualidad máquina creada por el hombre capaz de realizar las mismas funciones y procesos que la mente humana. Es cierto que algunos están intentando a través de la inteligencia artificial crear "robots pensantes", pero es difícil imaginar que una máquina tenga todo el potencial que tenemos las personas.

Debemos recordar que el cerebro humano no sólo se encarga de ejecutar procesos meramente racionales, sino que también tiene una increíble capacidad creadora y descubridora.

Aquellos que se dedican a inventar cosas lo hacen porque se pueden imaginar el futuro y están dispuestos a asumir los riesgos necesarios para cambiar el mundo.

Ahora, volviendo a la teoría del supercomputadora. El cerebro está ordenado en millones de redes de neuronas ordenadas en capas y conectadas entre sí. La conducción del impulso nervioso de una neurona a otra es sumamente rápida; de hecho, solo es posible apreciar la sinapsis a través de simuladores y modelos computacionales avanzados.

Sin entrar en mucho detalle, hay una característica que resalta de este increíble órgano y es su eficiencia. El cerebro es una estructura altamente productiva y eficaz, es decir, no desperdicia espacio ni tiempo. Tiene una habilidad innata para reproducir patrones y ejecutar determinadas funciones en tiempo real.

¿Cómo lo hace? Al igual que la memoria o el disco duro de una computadora, el cerebro es capaz de almacenar una gran cantidad de información. Los datos son guardados en la corteza (capa externa del cerebro), cuando se necesitan, estos viajan a través de la red neuronal hasta la zona de trabajo que los requirió.

Por ejemplo: Si estamos dando una charla sobre literatura a nivel de secundaria, es probable que necesitemos información sobre algunos autores como: Gabriel García Márquez, Pablo Neruda, Rómulo Gallegos, entre otros.

En el pasado hemos estudiado sus textos y aunque parezca que hemos olvidado lo aprendido, el cerebro nunca olvida. Lo que hace es reservar la información para utilizarla solo cuando es necesario.

Los niños, a diferencia de los adultos, aprenden por imitación y también por ensayo y error. No tienen miedos, por lo que están siempre dispuestos a intentar nuevas cosas y a tomar nuevos retos. En cambio, los adultos son más conscientes de la realidad, lo que los llena de temor. Además, el cerebro de un adulto tiene miles de programas y respuestas automáticas que son difíciles de reprogramar.

Cada hábito es un aprendizaje adquirido, lleva tiempo y esfuerzo cambiar un solo hábito para luego ver modificada nuestra forma de pensar, actuar e incluso hablar.

En cualquier caso, es importante asumir siempre una postura abierta; estamos hablando de que la misma biología ha hecho posible modificar las estructuras más complicadas conocidas por el hombre. De modo tal que el cambio es por naturaleza no solo posible sino beneficioso para los hombres que saben mejor aprovecharlo.

La transformación forma parte de todos los fenómenos sociales y naturales, visibles e invisibles. Aquí podemos citar la primera Ley de la Termodinámica que trata el principio de conservación de la energía.

> "La energía total de un sistema aislado no se crea ni se destruye, permanece constante".

En otras palabras, la energía que es una forma de materia no muere ni nace, sino que cambia de estado.

Las personas debemos aprender a abrazar los cambios en el entorno no sólo para llevar una vida más placentera y fructífera, sino también para sobrevivir.

> **"Las especies que sobreviven no son las más fuertes ni las más inteligentes, sino aquellas que se adaptan mejor al cambio".**
>
> **Charles Darwin en "El Origen de las Especies"**

¿Cómo pueden las personas aceptar cualquier tipo de cambio si están condicionados a rechazar cualquier evento, esperado o inesperado, que perturbe su estado natural?

El fenómeno de la globalización, la proliferación de nuevas tecnologías de la información y la creencia de que los hombres, sin importar la lengua, etnicidad y nacionalidad son un solo pueblo, ha hecho posible derrumbar muchas de las barreras y prejuicios formulados en el pasado en contra del **CAMBIO.**

Hoy por hoy aceptamos como inevitable que no solo es posible sino una realidad, dentro de las organizaciones, en la sociedad, dentro de la familia y, por supuesto, dentro de cada individuo.

En este contexto de constantes perturbaciones de la realidad, muchas empresas y líderes de organizaciones buscan personas dispuestas a encarar toda clase de desafíos y/o aventuras; incluso cuando no están preparados para ello. La transformación digital ha hecho que millones adopten una cultura de riesgos.

Las personas ahora sueñan que todo es posible, solo es necesario contar con la estrategia más adecuada para lograr esa visión y los macroobjetivos de un proyecto de vida ambicioso y creativo.

Esta nueva sociedad tiene una nueva cultura, un alto potencial y un increíble enfoque a largo plazo. Trata cada reto como un desafío que debes superar, tomando la vida más como una carrera de obstáculos y relevos.

Steve Jobs, el legendario empresario cofundador de Apple, reconocido por su ingenio y sus discursos, reflexionaba constantemente sobre la importancia del cambio para dar paso a lo novedoso y generar impacto a partir de ideas completamente creativas.

"En los últimos 33 años, cada mañana me miro en el espejo y me pregunto: ¿Si hoy fuera el último día de mi vida, haría lo que tengo planeado hacer? Y si la respuesta es no durante muchos días seguidos, entonces entiendo que hay que cambiar algo", afirmaba.

Sus palabras, válidas para sumar al crecimiento tecnológico pero también a la manera como muchos vemos la vida, sirven de punta de lanza para quienes no creen en lo que son capaces de lograr, quienes no defienden sus ideas, sus convicciones.

> **"No dejen que el ruido de otras opiniones ahogue su propia voz interior. Y lo más importante, tengan el coraje de seguir su corazón e intuición. Todo lo demás es secundario", decía Steve Jobs.**

2
Bienvenida Realidad

"Si no te gusta dónde estás, muévete no eres un árbol".

Anónimo

Es curioso ver cómo las personas se ven afectadas por algo que todos vemos y entendemos es inevitable, el cambio. La realidad o nuestra percepción de ella es compleja y a veces abrumadora, pero nunca es estática. Nos podemos mover del punto A al punto B, sabemos que uno no es igual al otro y que es necesario el desplazamiento para lograr lo que queremos.

Entonces, ¿por qué nos cuesta tanto adaptarnos a este concepto? Hace unos días leí el siguiente mensaje en el estado de WhatsApp de uno de mis clientes: "Bienvenida realidad".

La persona en cuestión había estado de vacaciones y apenas acababa de llegar a la ciudad. No obstante, la nota que había escrito en el perfil no era muy alentadora. Es lamentable que otros, y son muchos, no disfruten del día a día. Que **su "realidad"** no los llene de pasión, motivación, curiosidad y otras tantas cosas.

A menudo, las personas que rechazan la posibilidad de cambio fracasan. Es posible enfrentar cualquier situación si tenemos un buen plan de acción, un objetivo, las herramientas y el ímpetu para probar que siempre se puede ser mejor.

El cambio y la resistencia no son tus enemigos, forman parte de un proceso natural que es el que llamamos realidad.

Para aprender a sentirnos cómodos con los cambios hay que tener confianza en la vida y buena autoestima. Tener esa confianza significa saber que si algo está ocurriendo es porque es lo mejor y estás ahí para enfrentar el reto. Mientras que, teniendo una autoestima alta una persona puede sentirse en la capacidad de salir airoso ante cualquier situación que se le presente.

Todo lo que ocurre contribuye para que seas ese ser humano en el que estás convirtiendo. Por eso, cuando hacemos un análisis retrospectivo de la vida encontramos que todo cambio, por duro que haya sido, ha traído una enseñanza. Sin embargo, cuando estamos en medio de ese cambio o miramos hacia el futuro es difícil saber que tal experiencia está sumando y no restando, como muchos creen.

Lo más recomendable ante los cambios es no huir de las emociones. Al contrario, hay que tomar conciencia de lo que ocurre en el interior de cada uno de nosotros y reconocer esas emociones sin necesidad de dejarse llevar por ellas.

También es necesario apelar a la esperanza y la espiritualidad porque ésta -más allá de cualquier religión- nos ayuda a sentirnos más tranquilos en medio de esa transición. Tener la mejor actitud hará la diferencia; con el tiempo vamos entendiendo que esos cambios -unos gratos otros no tanto- hay que enfrentarlos y sacar de ellos el mejor aprendizaje.

Esta idea de asumir los cambios era defendida por el filósofo griego Heráclito de Éfeso. A él se atribuye la frase **"todo fluye"**, porque a su juicio todo está en movimiento y nada dura eternamente. Pensaba que no podemos **"descender dos veces al mismo río"**, puesto que cuando una persona desciende por segunda vez al mismo río, ni la persona ni el río vuelven a ser los mismos.

En el libro **"El Mundo De Sofía",** de Jostein Gaarder, se resume parte del pensamiento de Heráclito, cuya filosofía se sintetiza en la afirmación de que:

> **"Todo cambia y las sensaciones son de fiar ".**

Así como la Filosofía explica que los cambios son inevitables, la Psicología se encarga de hacernos ver las transformaciones como un proceso en el que la aceptación tiene un papel fundamental. En ese sentido, la Psicología explica que es necesario:

1. **Huir de las batallas perdidas,** pues el primer paso es aceptar que no podemos hacer nada para detenerlas.

2. **Evitar la resistencia,** porque a menudo queremos retrasar cualquier cambio en nuestras vidas.

3. **Aceptar que hemos perdido,** precisamente porque todo cambio implica una pérdida.

4. Dejar atrás para ir hacia adelante; de eso depende poder recibir el cambio con la mejor actitud.

5. Ser alguien nuevo cada día. Sabemos que perder y dejar atrás es doloroso. Pero nada debe atarnos al pasado. Todos los días somos nuevas personas y eso es algo que podemos elegir y cultivar.

De los innumerables aprendizajes de los cambios que se nos presentan en la vida, hay experiencias que vale destacar porque aunque algunos de éstos suelen ser difíciles, muchos son capaces de motivarnos a sacar lo mejor de sí mismos.

A todos nos ha costado asumir cambios. La capacidad de aceptar lo inevitable es importante. El camino de la aceptación nos dice, además, que podemos aprender a permanecer en la vida en lugar de evadirla o frustrarnos porque las cosas no salieron como "lo planifiqué".

Un gran paso

La aceptación es un gran paso para avanzar hacia nuestros objetivos. Es necesario hacer esta salvedad porque han querido inocular la falsa creencia de que la aceptación es sinónimo de resignación, de decirse a uno mismo que ha nacido para perder, que no sirve, que no lo logrará.

Juega un papel tan fundamental el rol de la aceptación en la vida del ser humano, que quiero detenerme a hacer hincapié en esto:

Aceptar no significa necesariamente estar de acuerdo con lo que sucede.

Por ejemplo: Podemos aceptar la muerte de un ser querido cuando obviamente no estemos de acuerdo con haberlo perdido.

Para dar el paso de la aceptación es indispensable vivir desde el protagonismo y no desde el victimismo, así mismo, entender que hay que ver la responsabilidad y no la culpa para poder caminar hacia la aceptación y en consecuencia poder vivir en paz y sin tanta resistencia a los cambios por retadores que parezcan.

Enfrentar las situaciones que no estaban nuestros planes no significa que debemos renunciar a las metas planteadas, porque esas circunstancias inesperadas pueden ser fructíferas al momento de modificar ciertas cosas o cambiar definitivamente de plan.

Una vez que somos capaces de aceptar nuestra realidad comenzamos a tener enfrente un camino infinito de oportunidades que reducirán las brechas para alcanzar el éxito. Como ejemplo, es válido hacer referencia al cortometraje *El Circo de la Mariposa* de Joshua Weigel, un emotivo material que termina siendo un viaje de transformación y aceptación de la vida humana.

¿Cómo puede una circunstancia adversa convertirse en lo que estás buscando? El actor Nick Vujicic lo muestra a partir de su propia historia, en la que pasa de ser una persona infeliz que no termina de aceptar su cambio, a transformarlo en una nueva oportunidad que se convierte en su motivo para seguir viviendo. Un motivo que, de igual forma, sirve para inspirar a quienes van verlo en el circo, incluso para sus propios compañeros.

Lo que en principio es visto por Vujicic como un obstáculo y una discapacidad, lo lleva a explorar un camino que termina llenándolo de felicidad. Junto a la historia de

Vujicic surgen otras que son completamente inspiradoras e invitan a reflexionar y comprender que definitivamente sí es posible hacerle frente a los cambios por duros que sean.

En la vida real, Nick nació con el síndrome de tetra-amelia, caracterizado por la ausencia de las cuatro extremidades. Luego de atravesar situaciones complejas, como un intento de suicidio a los 10 años de edad, decidió dar a conocer su condición y compartirla. Su primera charla pública la ofreció a los 19 años.

Hoy es un reconocido orador motivacional. Se casó y tiene cuatro hijos. Sin duda, Nick es un excelente ejemplo de autoestima y superación que invita a muchos a continuar.

En el trabajo y en la vida misma estamos expuestos a diario a infinitos cambios. Asumirlos con la mejor actitud hará la diferencia. Nada permanece y poder acoplarnos a las transformaciones será un gran paso para seguir adelante ante lo que se nos presente.

Cuando sabemos utilizar nuestras situaciones de vida como una herramienta para seguir apalancándonos y seguir creciendo como seres humanos, entonces es posible ser protagonistas de nuestras vidas, tomar las riendas y decir hacia allá voy y nada me detiene.

Todos hemos pasados por situaciones de vida que pueden inspirar al otro a seguir adelante, la apuesta es que haya más personas en el mundo que levanten su voz para inspirar a otros y avivar esa llama que a veces pareciera que quiere apagarse.

3

Autogestión del Ser

"Todos piensan en cambiar el mundo, pero nadie piensa en cambiarse a sí mismo".

Alexei Tolstoi

Puede sonar un poco cliché la frase, pero seamos conscientes de que es totalmente cierta y cae de maravilla para plasmar la importancia de la autogestión. Esto tiene que ver mucho con lo que comentaba páginas atrás de vivir siempre con el dedo afuera buscando culpable en vez de mirar hacia adentro y **asumir la responsabilidad** de nuestras acciones.

Y ojo, con esto no quiero decir que la responsabilidad absoluta siempre recae en nosotros mismos, claro que esto no es así, vivimos en sociedad, pero el cambio es realmente crucial cuando antes de acusar empezamos por revisarnos buscando responsabilidad y luego de esto podemos entonces evaluar la responsabilidad del otro y mostrarla de manera responsable sin achacar culpas innecesarias.

Existe un peligro en la sociedad que pocos reconocen, el miedo al cambio.

En este contexto, podemos distinguir entre el sujeto activo, el sujeto pasivo y una masa inerte.

> ✱ El primero, el **sujeto activo**, es aquel que participa de forma activa en el proceso. No importan las limitaciones ni los obstáculos. Es la persona en control y dueña de sus acciones.

✱ El segundo, el **sujeto pasivo**, acompaña el cambio, pero no participa en el evento. Recibe las influencias del ambiente y tiene una capacidad de adaptación mucho menor.

✱ Por último, hablamos de una **masa inerte.** Esta está formada por el conjunto de personas que ven en cualquier posibilidad de cambio una amenaza real a su estatus o situación particular.

Es importante señalar que las personas no tienen control real sobre la probabilidad de ocurrencia de tal o cual suceso; la transformación es una ley natural que nos obliga a aceptarla como tal. Sin embargo, todo individuo tiene habilidades, autocontrol y una capacidad de adaptación innata que lo puede ayudar a gestionar de forma eficaz cualquier tipo de cambio.

Todo cambia, si yo cambio.

El mensaje es simple, pero para muchos es difícil de asimilar sobre todo porque estamos acostumbrados a ver lo malo en otros y a exigir primero a los demás. Las sociedades se transforman cuando aprenden a reconocer cuáles son sus debilidades y verdaderas fortalezas, lo mismo les ocurre a los individuos.

Para aprender a vernos en ese espejo debemos hacer un análisis profundo y dibujar en un especie de mapa o plano cada paso o acción a llevar a cabo para cumplir con una ruta de trabajo única y adecuada a nuestras necesidades individuales más que colectivas.

El **mapa de la vida** es una técnica gráfica muy útil que se puede aplicar en diferentes áreas, nos permite ordenar por categorías aspectos que son fundamentales en nuestro proyecto de vida, utilizando líneas de colores de diferente grosor para graficar la jerarquía existente entre todos los elementos del conjunto.

La introspección y la autocorrección son tareas fundamentales en la gestión de cambio. El filósofo español Ortega y Gasset dijo:

> **"Yo soy yo y mi circunstancia"**
>
> **Frase de Ortega y Gasset**

Esta frase tiene dos componentes, la primera es el "yo" y la segunda es "el medio", es decir, la realidad. Para cambiar la realidad, hay que también cambiar el "yo".

Una poderosa herramienta para lograr el cambio es el **Mapa Estratégico Personal**. Cada persona cuenta con la habilidad y los recursos necesarios para elaborar su propio plan de vida.

Este tipo de modelos es efectivo si nos permite llegar al objetivo de forma mucho más rápida y utilizando menos recursos. Esto significa que toda planificación debe ser productiva y efectiva a la vez.

No se trata de hacer muchas tareas y hacerlas a medias sino de realizar aquellas actividades que son verdaderamente importantes y hacerlas bien. A veces menos, es más.

Las personas rápidamente pierden el interés si no tienen una meta fija en el horizonte, para aumentar nuestra productividad estamos obligados a llevar a cabo acciones que favorezcan esos grandes objetivos, recordemos que uno de los recursos más valiosos que tenemos es el tiempo que no es renovable.

Entonces, ¿para qué sirve el Mapa Estratégico Personal?

Como su nombre lo indica el mapa es una guía o ruta de trabajo que te permite visualizar gráficamente aquello que quieres lograr, específicamente qué necesitas para pasar del punto A al punto B y todas las paradas intermedias. Una guía siempre es útil al momento de tomar decisiones, emitir juicios de valor y redirigir esfuerzos. Recordemos que los cambios son inevitables y debemos no solo aprender a convivir con ellos, sino también a utilizarlos como parte de una estrategia global.

En este sentido, los beneficios de elaborar un mapa estratégico personal son los siguientes:

Nos ayuda a tomar mejores decisiones. Cada persona debe de realizar decenas de decisiones al día, unas son más transcendentales que otras. Al tener un plan, trabajamos enfocados en unos objetivos y todos los elementos de nuestro proyecto de vida están orientados hacia una única realidad; de esta forma, nosotros creamos, modificamos o eliminamos los escenarios que consideramos son perjudiciales o simplemente no contribuyen al programa de trabajo establecido.

Reduce la carga de trabajo. En un mundo cada vez más interconectado, donde hay mucho ruido en el ambiente, es fácil olvidar las cosas que son realmente importantes. El mapa nos permite atender las tareas y microproyectos que sí influyen en tu visión y el logro de los objetivos a corto, mediano y largo plazo. Debemos aprender a definir qué tareas son urgentes e importantes, cuáles son necesarias, pero pueden esperar y requieren más tiempo y cuáles simplemente demos ignorar.

Visualización. Es importante poder ver en el papel de forma clara y explícita todas las ideas, propuestas y planes para el futuro. No creeremos que es posible sino contamos con una estrategia clara que demuestre cómo podemos lograr esas cosas increíbles. Una vez que esté todo dibujado en el papel llega el momento de organizar las ideas.

Nos ayuda a mantener el rumbo y ganar una mejor perspectiva. La incertidumbre, al igual que el cambio, son dos elementos de la realidad que no podemos ignorar. Es normal sentirse un poco desorientados y abatidos por las circunstancias que a veces parecen sobrepasar nuestra capacidad de adaptación; sin embargo, el mapa es nuestra mejor arma para no perder el enfoque y reajustar nuestra estrategia cuando los resultados parezcan ser negativos. Es un proceso de intercambio constante con el medio que nos rodea.

Sirve para ejercitar la mente. Al terminar de escribir el mapa verás cómo te duele el cerebro, se trata de poner en blanco y negro todo aquello que queremos ver y lograr en la vida. Podríamos decir que el objetivo del mapa en sí es la búsqueda de la felicidad.

La autogestión aplica no solo a nivel personal, también aplica como figura clave para asumir retos profesionales en el siglo XXI. Así lo consideraba el autor austríaco Peter Drucker, quien introdujo el concepto de trabajador del conocimiento durante los años 70.

Drucker, que centró sus estudios más en la gestión personal que en la empresarial, detectó que la capacidad de gestión de cada persona sería una habilidad fundamental para el éxito de los trabajadores del conocimiento del siglo XXI.

> "La necesidad de gestionarse uno mismo está creando una revolución en las relaciones humanas", aseguraba.

Para el estudioso, los siguientes seis factores son definitorios del éxito productivo de los trabajadores del conocimiento:

1. El trabajador del conocimiento debe ser capaz de responder a la pregunta "¿Cuál es la tarea?".

2. Es responsable de su trabajo y, por eso, debe gestionarse a sí mismo.

3. Su innovación constante debe ser parte de su trabajo.

4. Enseñar también será parte de su compromiso como trabajador.

5. La productividad y calidad tienen la misma importancia.

6. El trabajador del conocimiento debe ser capaz de enfrentarse a una fuerte carga de actividades.

La autogestión implica, además, saber controlar diversas áreas que permiten la realización de un trabajo efectivo. En ese sentido, vale tomar en consideración las siguientes recomendaciones:

* **Tener un entorno adecuado.** Esto es esencial porque muchos trabajadores autónomos laboran desde su propia casa. Contar con un lugar bien iluminado y ordenado es importante para lograr productividad.

* **Saber gestionar el tiempo.** Para ello es fundamental establecer rutinas de trabajo. Conocer en qué momento del día somos más productivos ayudará a que evitemos posponer nuestras tareas. También hay que cuidarse del tiempo que dedicamos a las redes sociales. Siempre será necesario llevar una agenda para organizar y planificar las actividades.

* **Establecer prioridades.** En este punto es pertinente mencionar que muchas veces trabajar con fechas límite ayuda a ser muy productivo.

Para Drucker

> "El éxito en la economía del conocimiento viene a los que se conocen a sí mismos; sus puntos fuertes, sus valores, y cómo rinden mejor"

Pensaba que ante el aumento de la longevidad del ser humano y la falta de seguridad de los empleos, los trabajadores deben conocer cuáles son sus valores y fortalezas, así como saber qué aportar para mejorar su rendimiento.

Actualmente, la sociedad demanda profesionales que además de hacer bien sus tareas, puedan gestionarse a sí mismos. El pensamiento de Drucker, completamente vigente, demuestra que depende de cada quien hacerse un lugar en el mundo del trabajo tal y se entiende hoy, con sus ventajas y desafíos.

Lo que propone la autogestión es que las personas deben hacerse cargo de su propia carrera y no dejarlo bajo la responsabilidad de las empresas. Esto permitirá que los profesionales puedan asumir la responsabilidad de ser proactivos al momento de adoptar actividades y estrategias para la resolución de problemas en el transcurso de la vida profesional. Se trata de un proceso de aprendizaje continuo.

Es importante tener en consideración que en estos tiempos las oportunidades laborales son más temporales y este es un punto a favor para la autogestión, ya que los profesionales tienen más vías para adquirir habilidades que pueden ser completamente útiles en otro trabajo.

Un estudio de la Oficina de Estadísticas Laborales (BLS, por sus siglas en inglés), estima que quienes están comenzando su carrera profesional tendrán una media de 11 empleos durante su vida. Pero hay que sumar el hecho de que otro porcentaje significativo de jóvenes busca generar sus propias oportunidades de empleo a través del emprendimiento. En definitiva, será indispensable que cada quien pueda hacerse cargo de su carrera mediante la autogestión profesional, como lo planteó Drucker.

4
Kaisen para Personas

"Hoy mejor que ayer, mañana mejor que hoy".

Kai Zen

El origen del Kaizen

Durante la Segunda Guerra undial, la principal preocupación de todos los países del mundo era la **GUERRA**.

Muchos de estos, incluido Japón, enfocaron todos sus esfuerzos y el de sus industrias en el desarrollo de mejores procesos y materiales para la guerra. Finalizada esta, los países en el bando perdedor se encontraron no sólo con el amargo sabor de la derrota sino también con el caos económico producto de una industria incipiente e ineficaz con toda una línea de producción incapaz de crear valor y aportar bienes de alta calidad y diseño a la sociedad.

Recordemos que Japón es un archipiélago de roca sólida con pocos terrenos cultivables, sin recursos naturales y con más de 100 millones de personas. Los japoneses siempre han tenido que reinventarse para obtener la materia prima, la energía, los alimentos y todo lo que necesitan para sobrevivir.

Los orientales, en general, tienen una inmensa capacidad de renovación, de adecuarse a las circunstancias y de aprender a gestionar los cambios. En el año 1949, inspirados en el programa TWI (o Training Within Industry) se consolidó la Unión Japonesa de Científicos e Ingenieros o JUSE, con una misión muy simple: Desarrollar un conjunto de técnicas aplicables en las fábricas y empresas japonesas y, por supuesto, ayudar a difundir estas ideas a lo largo y ancho del país.

Uno de los mayores expertos en el área de control de calidad para la época era el Dr. William Deming. Su metodología de trabajo aplicada de la forma correcta había dado resultados muy positivos en países como los Estados Unidos. Este método de trabajo estaba respaldado por estudios estadísticos de alto nivel que los japoneses enseguida quisieron imitar.

Las propuestas de Deming eran bastante simples y razonables: Describir funciones abiertas, no definir los objetivos de manera numérica, suprimir los pagos por horas, mejorar las relaciones interdepartamentales y permitir la participación de los trabajadores en el proceso creativo de la empresa y en la toma de decisiones.

El Prof. Deming dio varias charlas en el año 1950 en Japón, fue invitado por la misma Unión para explicar la efectividad de su método. Los japoneses, reconociendo el mérito de su trabajo, crearon el premio Deming en control de calidad estadístico.

Mi filosofía Kaizen

La palabra Kaizen proviene del japonés Kai, que significa cambio y Zen, que representa bondad. El Kaizen es una filosofía de cambio, estudia y trabaja el mejoramiento de las personas en sus diferentes facetas.

Asume que este proceso se da de forma natural en todos los elementos de una sociedad es continuo y universal. El Kaizen nos involucra a todos porque todos tenemos la necesidad real de cambiar y mejorar. Cada persona aspira a tener mejores relaciones con sus familiares y amigos, en el trabajo, con la comunidad, etc. Este deseo no es producto de la cultura sino del instinto.

El Kaizen no te fija un objetivo específico ni es una meta en sí mismo. Es una metodología de trabajo, un instrumento para que logres reproducir la mejor versión de ti mismo en cualquier circunstancia. Es una manera de hacer las cosas y lo puedes aplicar tanto dentro como fuera de las organizaciones.

Si estás atravesando por un duro momento y ves que no te alcanza el tiempo o que tu nivel de rendimiento está cayendo de forma acelerada, puedes utilizar el método Kaizen para determinar qué actividades son improductivas o no agregan valor y eliminarlas. Como reza el refrán -más es menos-. Si asumes muchas tareas o responsabilidades no significa que seas más productivo; por el contrario, tu atención está dividida y tus niveles de energía se van agotando rápidamente. Hay que enfocarse en el o los objetivos y definir las acciones que más nos acerquen a ellos.

Principios Kaizen

La metodología Kaizen trata de crear una cultura de mejoramiento continuo a través de la adquisición de hábitos propios de todas las personas que tienen como meta en el corto, mediano y largo plazo la autosuperación personal, en todos los ámbitos.

Es un estilo de vida, como lo es el budismo, que nos enseña qué prácticas debemos incorporar a nuestra vida diaria para generar la clase de cambios (positivos) necesarios para llevar una vida más saludable, más feliz y plena.

En el área administrativa, el Kaizen se centra en eliminar los desperdicios y despilfarros de los sistemas productivos. Lo que nos permite simplificar las tareas y los procesos para hacer que la organización sea más eficiente y productiva. Este proceso de "reingeniería" solo es posible con el input de los empleados y demás trabajadores de la organización.

Como habíamos mencionado, el mejoramiento de los sistemas es un objetivo común y a largo plazo. La técnica Kaizen destaca que cualquier cambio en la colectividad implica, de forma necesaria, un cambio en el individuo. Cada persona asume el reto de autotransformarse y así transforma a los demás y su entorno.

Este proceso es gradual, ordenado y va *in crescendo*. Para lograr grandes cambios primero hay que dar pasos pequeños. El error más común que cometen las personas es fijar metas que en el corto plazo están simplemente fuera de su alcance -no todos los que apuntan a las estrellas alcanzan la luna. Comienza pequeño, pero asegúrate de estar en el camino correcto.

Por ejemplo: Si tu meta es perder X cantidad de peso para lucir esos estupendos bikinis durante el verano, no sometas tu cuerpo a dietas extremas pensando que así perderás peso más rápido. Los atajos rara vez traen los resultados esperados.

Lo ideal es ir (progresivamente) adoptando un estilo de vida más saludable que incorpore los hábitos alimenticios más adecuados para tu persona, así como una buena rutina de ejercicios. Puedes eliminar o reducir cierto tipo de comidas, pero de forma **GRADUAL.**

Otro caso muy común es el de los atletas. Es difícil imaginar pasar 8 horas al día entrenando para un deporte en específico. Los atletas y deportistas dedican buena parte de sus vidas e incontables horas a su oficio, pero esto no siempre fue así. De pequeños entrenaban solo un par de horas entresemana y a medida que fueron creciendo incrementaron el tiempo y el nivel de dificultad.

En ambos casos hubo una transformación completa del individuo (de adentro hacia afuera). Su actitud, disciplina y compromiso fueron instrumentales para alcanzar el límite deseado.

¿Cuál es el mensaje?

La metodología Kaizen como estrategia de vida nos enseña a:

1. **No desperdiciar el tiempo.**

2. **Incorporar pequeños cambios todos los días,** sean estos a nivel social, familiar o laboral.

3. **Ser constantes, disciplinados y creativos** al momento de descubrir o diseñar nuevas soluciones a viejos problemas.

4. **Definir el problema.** Para tomar las acciones correctas debes conocer cuáles son tus falla. No todas las personas tienen capacidad de autocrítica o un buen nivel de abstracción, por ello debemos aprender a cultivar el hábito de la introspección. A mirarnos en el espejo sin máscaras ni dogmas. Esta honestidad, aunque incomode, es el punto de partida de nuestro cambio interno.

5. **No te conformes.** El enemigo público número uno del método Kaizen es la complacencia. Las personas siempre debemos apuntar a más. Siempre se puede ser mejor. Si fijas una meta y la logras satisfactoriamente traza una

nueva y así sucesivamente. La mayoría de las cosas que vemos y experimentamos en la realidad son infinitas.

Los 5 pasos del Kaizen o método de las 5S

Los japoneses crearon un sistema para mejorar la producción de sus fábricas y establecimientos basados en un conjunto de prácticas comunitarias destinadas a mejorar las relaciones de trabajo y producción dentro de una organización. Para hacer más sencilla la implementación de este modelo, los conocedores en la materia decidieron integrar en un mismo proceso todos los pasos necesarios para lograr un desarrollo u objetivo específico.

El movimiento de las 5S del Kaizen toma su nombre de 5 palabras japonesas tradicionales: Seiri, seiton, seiketsu y shitsuke. Esta lista está ordenada, lo que significa que hay una jerarquía entre los elementos. El enfoque principal del Kaizen es eliminar los malos hábitos dentro de las organizaciones construyendo una nueva cultura llena de personas comprometidas, disciplinadas y dispuestas a trabajar.

Un elemento importante dentro de esta forma de pensamiento es el factor tiempo. Los japoneses entienden que la pérdida del tiempo tiene un alto costo para la empresa. Al igual que con el método Just in Time, el criterio Kaizen atribuye la falta de productividad y una caída en el desempeño a la mala gestión del tiempo de los trabajadores.

A nivel personal, cada persona o individuo debe responder la siguiente interrogante:

¿Podría aprovechar mejor mi tiempo si hago esto en vez de esto?

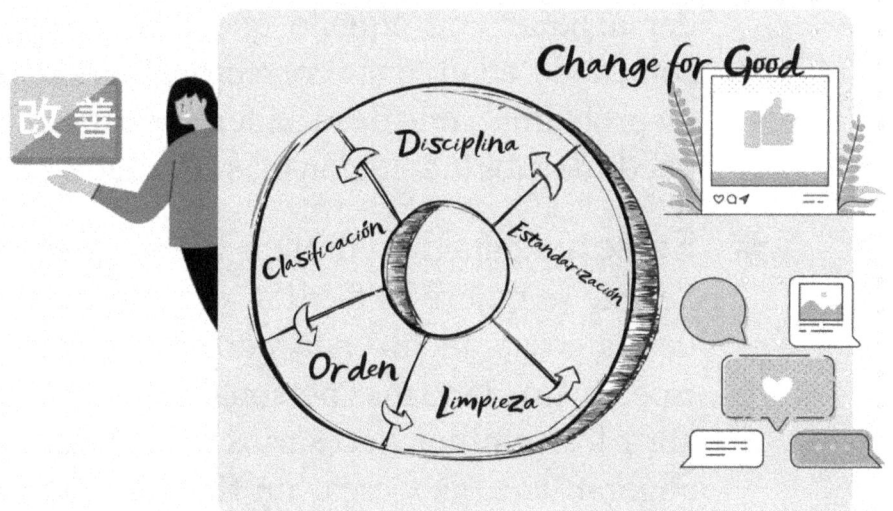

¿Qué representan las 5S?

* **Seire:** La primera palabra del método Kaizen quiere decir organización. "Cada cosa en su lugar y un lugar para cada cosa". Los japoneses, en particular son personas muy ordenadas, al tener poco espacio deben

aprender desde acomodarse a las limitaciones del lugar. Tokio por ejemplo es la ciudad con mayor densidad poblacional del mundo sin embargo su superficie no es tan grande. Este tipo de limitaciones es algo que las personas debemos aprender a gestionar.

En la vida hay un lugar para todo, incluso para las frustraciones. Solo debemos aprender a lidiar con aquello que nos molesta colocando en el lugar correcto. Si tenemos un problema, verlo desde diferentes ángulos puede darnos la solución más adecuada.

✱ **Seiton**: Reducir o eliminar las búsquedas. Lo que se quiere es facilitar el movimiento de las cosas, incluyendo personas y servicios. En un plano más personal hablamos de abrir los caminos necesarios para ayudar a aligerar la carga y crear un flujo de trabajo diferente en nuestro espacio personal.

✱ **Seiso:** Significa limpieza. En el medio organizacional estamos hablando de mantener el orden a través de la simplificación de los procesos administrativos, operativos y generales. Sin embargo, esta idea bien la podemos aplicar en lo social, en lo familiar o en lo personal. Normalmente las personas se encuentran sobrecargadas de una cantidad apabullante de tareas y responsabilidades.

No todas tienen el mismo peso ni la misma urgencia. En nuestro plan de vida debemos aprender a dejar ir todo aquello que no sirve, que no aporta o que simplemente es un estorbo para el cumplimiento de los objetivos.

✱ **Soiketsu:** Esta palabra tiene dos acepciones estandarización y también reducción de procedimientos. Una vez organizado el espacio y definida las tareas no queda sino automatizar los procesos. Cuando los procedimientos son muy largos o complejos es difícil mantener el ritmo, de allí que, el método Kaizen proponga simplemente simplificarlo todo, creando un modelo de trabajo que nos permita mantener el rumbo correcto.

Si lo aplicamos en otras áreas de la vida, podemos esperar resultados similares. Al igual que los objetivos no deben parecer imposibles, los mecanismos empleados para lograr determinados resultados tampoco deben sonar, parecer o ser demasiado complicados.

Piensa en un manual de instrucciones para cualquier dispositivo electrónico. El usuario común desconoce los aspectos técnicos del aparato, pero, esto no quiere decir que no sea capaz de usarlo. Hay que ejecutar el conjunto de acciones que nos lleve de forma más directa hacia la meta.

✱ El último paso es **shitsuke** que en español se traduce en "disciplina y buenos hábitos de trabajo". Tradicionalmente, los japoneses son personas muy educadas, solidarias, respetuosas con los demás y diligentes. No nos debe de extrañar que lleven estos valores y actitudes a sus puestos de trabajo y otras áreas.

Este sistema, basado en el respeto a las normas y a las personas, es lo que ha permitido que Japón y otras sociedades crezcan ante la adversidad.

¿Cómo aplico la metodología Kaizen en mi vida?

Paso #1: Planea. Observa cuál es tu situación o posición actual. Determina cuál es el problema y después descomponlo en partes para trazar un plan de acción acorde a tus objetivos personas y a las circunstancias del entorno.

Paso #2: Haz. Teniendo una idea general de lo que quieres y necesitas, ahora debes describir de forma detallada la estrategia a seguir. Elabora tu plan de acción y luego ejecútalo.

Paso #3: Verifica. La fase de revisión es indispensable, nos permite evaluar los avances hechos en un determinado periodo de tiempo y el cumplimiento de los objetivos. Debes pensar con antelación cómo calcular o comprobar el progreso realizado hasta el momento. Como regla general si no has logrado un objetivo cualquiera, no puedes avanzar a la siguiente fase de tu plan.

Paso #4: El modelo. Si tus acciones fueron exitosas, es decir, te permitieron conseguir los objetivos marcados, procede a estandarizar los métodos utilizados para fijarlos en los procesos. De esta manera estamos creando los hábitos y reglas de comportamiento necesarias para mejorar.

No debes olvidar que la metodología Kaizen es una filosofía de mejoramiento continuo, lo que significa que cada paso debe ayudarte a mejorar u optimizar el siguiente.

Consejos para lograr la plenitud:

- ✸ Reserva 15 minutos al día para meditar.
- ✸ Ejercita tu mente y tu cuerpo.
- ✸ Cuida lo que comes.
- ✸ Lee siempre, por lo menos 30 minutos todos los días. Tú eliges el tema.
- ✸ Despierta temprano y saca el máximo provecho a esas primeras horas del día. Una mente descansada está mucho más capacitada para trabajar.
- ✸ Sé coherente. Actúa siempre fiel a tus valores y principios.
- ✸ Escucha algo de música durante el día.

Alguna vez te has preguntado **¿qué tanto poder tiene un pequeño paso?**

La filosofía Kaizen lo responde. Y es que son constantes las veces que los seres humanos nos planteamos grandes metas, sin pensar en cómo lograrlas. Así, muchas se vuelven inalcanzables porque carecen de un punto de partida para su realización, dificultad que hoy puede resolverse a través de la metodología de la "mejora continua".

Implementarla en la vida es sencillo. La máxima es no dejar pasar un día sin dar un paso adelante, por pequeño que parezca. De acuerdo con esta filosofía, cuando somos capaces de mejorar un poco cada día, los resultados son satisfactorios.

Ya decía el pensador chino Lao-Tse que "un viaje de mil millas empieza con un primer paso", precisamente porque lo importante no es alcanzar el destino del viaje, sino concentrarse en cómo avanzar poco a poco.

> **"Un viaje de mil millas empieza con un primer paso".**
>
> **Frase de Lao-Tse**

En su blog, la reconocida psicóloga y terapeuta española, *Rosario Linares*, explica que esta filosofía se basa en dos pilares fundamentales: **gradualidad y continuidad.** Primero porque es necesario descomponer nuestros objetivos en tareas pequeñas y, segundo, porque hay que dar pasos continuos.

A juicio de Linares, esa manera de comprender el crecimiento personal se aplica mediante los procesos de coaching, que buscan ser un puente para que los ciudadanos alcancen sus metas de manera más sencilla.

El kaizen permite superar la resistencia inicial vinculada al miedo que generalmente está presente en los grandes cambios, **elimina la idea de futuro y aterriza esa meta a través de tareas mínimas.**

Logrando que los resultados traigan consigo grandes transformaciones en el tiempo.

Vayamos a un punto más práctico, **¿cómo es posible aplicar esta filosofía en la cotidianidad?**

A través de los siguientes ejemplos te mostraré lo sencillo que es hacer del Kaizen un modo de vida.

Ana, en medio de muchas responsabilidades laborales, decide aprender a bailar tango. Su trabajo le impide acudir a las cuatro prácticas semanales y debe reducirlas a una. Ana está consciente que el tango requiere de mucha técnica, por eso resolvió dedicarle 10 minutos diarios de práctica con tutoriales de YouTube. Ella siente que, poco a poco, avanza en ese sueño de ser bailarina que tuvo de niña y que por circunstancias de la vida no pudo lograr.

Ana asiste todos los sábados a su única clase, pero desde entonces ha tenido muy buenos resultados en su proceso de aprendizaje.

Ella quiere ser bailarina de tango, sin embargo, sabe que eso llevará tiempo. Por ahora, solo está enfocada en aprender a bailarlo.

Tenemos, además, el ejemplo de Leonardo, un joven de 32 años de edad cuya meta es publicar un libro. Todos los días, esa gran historia que centrará su publicación vaga en su cabeza. Leonardo no ha escrito una sola palabra, no obstante, se ha planteado que el libro tendrá más de 500 páginas y que ganará mucho dinero al publicarlo en Amazon.

Si aplica la filosofía Kaizen, Leonardo podría empezar por armar a diario -por lo menos- un párrafo hasta que se incentive a escribir un número significativo de palabras todos los días.

Una vez que Leonardo vea sus ideas plasmadas, podrá sentir que la meta de publicación de su libro mucho más cercana. El récord de páginas y el tema de la recaudación llegarán después.

Para iniciar una rutina de ejercicios, aprender un idioma y en general para cualquier aspecto de la vida el método Kaizen resulta beneficioso. No en vano, en Japón, esta filosofía ha sido un éxito tanto a nivel cultural como empresarial.

Y entonces, ¿cómo saber en qué momento de la vida se necesita el Kaizen? Es el momento de aplicarlo cuando:

- **Sientes que no eres capaz de dar el primer paso debido a la complejidad de la meta planteada.**
- **Te detienes en el camino ya que no logras ver el siguiente paso y empiezas a pensar en el futuro.**
- **Piensas tirar la toalla porque notas que el trayecto que te lleva a la meta es demasiado difícil.**
- **Piensas que esa meta requiere más esfuerzo del que te puedes permitir.**
- **Estás seguro que no lo podrás lograr.**
- **Si no has conseguido nada desde que comenzaste, ¿qué sentido tiene continuar?**

* **Piensas que aún falta mucho para que el objetivo se cumpla.**

Las frases anteriores aparecen cuando atravesamos un proceso complejo, en el que cerebro buscará que abandonemos. Justo en ese momento debemos emplear el Kaizen, para evitar que la mente regrese a la zona de confort tras observar que cualquier esfuerzo es demasiado.

En el centro de esta filosofía está la idea de que el principal obstáculo al cambio es el miedo y este aparece cuando nos sentimos intimidados por un gran reto en el que se podría salir derrotado. Por el contrario, si esa gran meta es modificada por una pequeña acción en la que sea prácticamente imposible fallar, esto incrementará el reto y hará más sencillo y placentero el proceso hacia lo que queremos lograr.

Sobre esto, el escritor y orador motivacional estadounidense Anthony Robbins, mejor conocido como Tony Robbins, ha acompañado a personalidades en el proceso de llevar adelante sus metas con ayuda de este método. Para dicha filosofía, Robbins tiene su propia técnica que consiste en realizarse las siguientes tres preguntas al final del día: **¿Qué he aprendido hoy?, ¿en qué he contribuido o en qué he mejorado?, ¿de qué he disfrutado?**

Es importante no subestimar el poder que tiene la **mejora constante.**

Para implementar esta filosofía es necesario adoptar esa mejora como un estilo de vida, que conlleve a generar cambios sin necesidad de empezar por hacer grandes esfuerzos. El Kaizen ha demostrado que las transformaciones más poderosas nacen de las pequeñas acciones que a diario somos capaces de emprender teniendo en cuenta la **disciplina y la constancia.**

Se trata de un mensaje exitoso que puede evitarnos frustraciones y, al mismo tiempo, nos permite descubrir nuevos espacios individuales, familiares, sociales, profesionales, entre otros, en los que también podemos ser completamente productivos.

5

Los robots llegaron para quedarse

"Cuando los ordenadores tomen el control, puede que no lo recuperemos. Sobreviviremos según su capricho. Con suerte, decidirán mantenernos como mascotas".

En la revista Life (noviembre de 1970).
Marvin Minsky, padre de la Inteligencia Artificial

A diario, los profesionales debemos enfrentarnos a un sinfín de cambios que son demandados por la imparable transformación digital. Un desafío que ofrece nuevas formas de trabajo y requiere personal preparado para asumir estos cargos en la industria 4.0, que exige además de competencias en el área de especialización, contar con otras destrezas necesarias para reunir las condiciones laborales que, en este momento, van dirigidas a un profesional más integral.

La industria 4.0, un concepto desarrollado desde 2010 en Alemania, consiste en la digitalización de los procesos industriales mediante la interacción de la inteligencia artificial con las máquinas y la implementación de recursos para crear metodologías comerciales más efectivas, lo que genera cambios sustanciales en las organizaciones y tiene incidencia en la manera de hacer negocios.

De esta manera, la también llamada cuarta revolución industrial ofrece:

* **Mayor capacidad de adaptación a la demanda.**
* **Servir al cliente de forma personalizada.**
* **Posibilidades de diseñar, producir y vender productos en menos tiempo.**
* **Mayor posibilidad de utilizar las diferentes tecnologías para analizar la información y aprovecharla en tiempo real.**

Conocer otro idioma, tener conocimiento sobre programas informáticos, saber aplicar las nuevas tecnologías al sector empresarial, contar con experiencia en proyectos de investigación, tener aficiones y especialización no profesional, haber participado en proyectos sociales, así como tener experiencia laboral, son parte de los desafíos para incorporarse a los nuevos cargos en la era digital.

Pero actualmente, **¿de qué herramientas puede valerse un profesional para calificar en la industria 4.0?**

El Kaizen es una de esas herramientas, ya que al emplear el método de la mejora constante, los profesionales podrán adquirir destrezas que son demandadas por la inminente transformación digital.

El Kaizen ayudará en la medida que los profesionales tengan la disposición de aprender nuevos oficios aplicando la metodología de mejorar 1% todos los días, lo que dejará de lado esa idea abrumadora de llegar a la gran meta para enfocarse en pequeñas acciones fácilmente alcanzables. Esto aplica para tareas fundamentales en estos tiempos como conocer sobre Marketing Digital, manejar redes sociales, saber de programación, de normativa digital y demás tareas que son tomadas en consideración por las empresas al momento de elegir quién ocupe un puesto de trabajo.

Si bien la industria 4.0 representa un cambio en la manera cómo conocemos el trabajo, igualmente ha generado una evolución del entorno laboral que exige a los profesionales adoptar una mentalidad de flexibilidad, innovación y conocimiento cónsona con las nuevas realidades del mundo digital. Para abrir espacios en esta industria, han surgido neologismos como *knowmad* (nómada del conocimiento) cuyo perfil es el de una persona caracterizada por ser innovadora, creativa, capaz de trabajar con cualquier compañero, en cualquier momento y lugar.

Un **knowmand** es un trabajador del conocimiento y la industria 4.0 además de requerir perfiles distintos, tomará en cuenta otras dinámicas, horarios y prioridades. El profesional que asuma estos cambios de la mejor manera pasará a ser parte de una industria que cada vez necesitará mano de obra más cualificada y que sustituirá el trabajo manual por el manejo del software. Es y será un requerimiento imprescindible desarrollar habilidades digitales.

Hoy, los trabajadores del conocimiento deben aprender mucho y, por eso, tienen a su disposición herramientas digitales que permiten optimizar el tiempo dedicado a la formación. Adquirir nuevas competencias de forma virtual desaparece las barreras espacio-temporales y hace accesibles los contenidos de aprendizaje en cualquier momento.

Hay que recordar que los profesionales de la industria 4.0 no solo deben estar potencialmente preparados para ser elegidos entre muchos otros profesionales, sino que ahora deben hacer frente a la llegada de los robots, una figura que toma fuerza en países como Japón donde ya existen robots que reemplazan a humanos en diversos empleos. Se prevé incluso que para el 2030, los robots y sistemas de inteligencia artificial podrán ocupar la mitad de los cargos disponibles en Japón.

Un estudio del Foro Económico Mundial predijo hace dos años que la incursión de los robots y la inteligencia artificial en el mercado laboral llevará, para el 2020, a la pérdida de más de 5 millones de puestos de trabajo en los 15 países más desarrollados.

Es tanta la incidencia de los robots en el ámbito laboral que de acuerdo con lo reseñado en el libro *Los economistas y la economía digital*, publicado este año por el Consejo General de Economistas de España, "una cantidad significativa de profesionales será sustituida por máquinas", con una probabilidad de desaparición de 99%, los vendedores lideran la lista. Esta categoría incluye a cajeros, empleados de empresas de alquiler y teleoperadores. Con un 94% le siguen los profesionales contables y auditores. El libro apunta que solo entre el 2001 y el 2014 han desaparecido 30.000 puestos de contables en Londres.

> **"Una cantidad significativa de profesionales será sustituida por máquinas".**

Mientras que con una probabilidad del 92%, otros que se verán afectados son los minoristas. Este es el caso del personal de venta de las tiendas, técnicos de farmacia, los entrevistadores para la concesión de préstamos, agentes de ventas de seguros y trabajadores de preparación de alimentos. Los redactores técnicos y los agentes inmobiliarios son dos profesiones con 86% de probabilidades de pasar a ser automatizadas.

Actores, bomberos y editores ocupan la parte más baja del ránking. En esta lista igualmente se encuentran terapeutas, dentistas, entrenadores deportivos y los ingenieros químicos.

La incursión de los robots en el ámbito laboral, así como la adopción de competencias y habilidades son parte de los desafíos que también deben asumir las organizaciones para avanzar con éxito a la senda digital.

La falta de competencia se encuentra entre esos retos, ya que las empresas comienzan a demandar nuevas destrezas y, en la mayoría de los casos, no encuentran profesionales capacitados. En este punto, las universidades tienen un rol fundamental y deben apostar por un sistema educativo adaptado a los nuevos perfiles que requiere la industria 4.0.

Otro de los grandes desafíos de las empresas es el costo del proceso de transformación, pues la robotización y la dotación de inteligencia a las máquinas no son apuestas tan económicas a corto plazo. Para afrontar este proceso de modernización, muchas organizaciones han comenzado a trabajar de manera conjunta con otras compañías.

La protección de los sistemas informáticos y de los dispositivos conectados implican otros retos para las empresas y debe asumirse como un tema estratégico que involucra a todos. Por último, **el gran desafío es la resistencia al cambio**, un aspecto en el que las empresas tienen el rol de mantener un entorno de trabajo que permita a los trabajadores sentirse motivados y productivos.

Al respecto, los expertos recomiendan a las empresas crear un plan estratégico para saber a dónde **enfocar la transformación digital,** de manera que no se limite solo a la incorporación de tecnología. En todo este proceso será determinante la capacidad de los profesionales para adaptarse a la constante evolución del mundo digital.

6

Empleado – Emprendedor

"Sólo una cosa convierte en imposible un sueño: el miedo a fracasar".

Paulo Coelho

La industria 4.0 ha abierto las puertas a todo un universo del que surgen nuevos conceptos y maneras de asumir el entorno laboral a partir de dos miradas: <u>la del empleado y el emprendedor.</u>

Ante la continua **transformación digital**, el empleado debe formarse para mantenerse competente y asegurar el crecimiento desde la organización. Pero también son quienes asumen pocos riesgos porque no están dispuestos a perder su trabajo; se enfocan en su especialidad y, por esta razón, prefieren tener responsabilidades definidas, lo que representa un límite dentro de la industria.

En toda empresa, los empleados son indispensables, sin embargo, en tiempos de transformación digital será necesario ampliar su rol para acoplarlo a las nuevas necesidades del mercado. Con esto se puede evitar el riesgo de ser reemplazado por profesionales más capacitados, es decir, aquellos que hayan asumido el compromiso de sumarse a la Cuarta Revolución Industrial, entendiendo que para permanecer o incorporarse será necesario ampliar las actividades en el entorno de trabajo.

No sería arriesgado pensar que dejar atrás la definición de empleado, como se entiende ahora, permitiría salvar muchos puestos, esos que además están riesgo por la automatización que ha introducido una gran ventaja en la competitividad de la producción mundial y que, en algunos casos, han llegado a superar la mano de obra humana.

Mientras más automatización más producción, de allí que para muchas empresas será más rentable disponer de una máquina que realice un trabajo más rápido en menos tiempo para obtener mayores volúmenes de producción.

Los robots tienen, igualmente, menos probabilidades de cometer errores que una persona. Y, general, implican menos costos para las empresas. De manera tal que cada empleado deberá empezar a redefinir su rol si quiere quedarse o formar parte de la industria 4.0.

Por otra parte, están **los emprendedores,** quienes se forman no solo para obtener una carrera o especialidad, sino para adquirir experiencia, el aspecto que más se valora dentro del mercado. El emprendedor tiene, además, una poderosa perspectiva del fracaso que permite tomarlo de manera positiva para continuar. Así, ante la primera caída no se rendirá, por el contrario aprenderá y lo usará a su favor.

Los emprendedores siempre ven hacia el futuro y comprenden el poder de la visión para tener una aproximación equilibrada a la productividad. Un emprendedor asume riesgos porque tiene confianza en su proyecto y está seguro de sus convicciones. Cree en lo que hace y eso lo ayudará avanzar en lo que se propone.

Obtener soluciones es lo que más buscan los clientes en una empresa y esto es lo que ofrecen los emprendedores, profesionales que también saben poco de muchas cosas; son más integrales, otro punto a favor en la era de la transformación digital.

El rol de empleado y el emprendedor son tan distintos que este último termina siendo los ojos de toda la empresa, tanto que incluso necesita evaluar el desarrollo de las actividades de los empleados para asegurar el éxito de la organización.

La mayoría de los emprendedores son personas soñadoras con objetivos como ser líderes, crear nuevas empresas exitosas y totalmente innovadoras. De hecho, la denominada Cuarta Revolución Industrial ha dado paso a la creación de un sinfín de empresas que al ofrecer un servicio distinto, hoy tienen gran aceptación. Como ejemplo podemos mencionar la empresa Rappi en Colombia, una compañía dedicada al negocio de los envíos que en sus tres años de fundada ya opera en 27 ciudades de 6 países de América Latina.

Debido a su crecimiento, en septiembre pasado,

Rappi se convirtió en la segunda empresa colombiana merecedora de la denominación Silicon Valley para los emprendimientos tecnológicos que alcanzan una valoración de US$ 1.000 millones.

Desde la plataforma, que funciona a través de la web y teléfonos móviles, se puede ordenar comida en un día lluvioso, pedir efectivo a domicilio, llevar paquetes de un lado a otro, pagar facturas, comprar ropa de diferentes marcas o comprar un teléfono, todo con entregas el mismo día.

Rappi -creada por tres jóvenes emprendedores- cuenta con 1.500 empleados y 25.000 repartidores en los países donde tiene presencia. Solamente en Colombia tiene 13 millones de usuarios.

La empresa ha logrado superar iniciativas similares como Postmates y DoorDash, en Estados Unidos, y resalta como una de las plataformas que más rápido llegó a atender 200.000 pedidos diarios.

Sin duda, en la era digital, los emprendedores son quienes tienen el poder para innovar y ofrecer cada vez más servicios que se adaptan a las nuevas necesidades de los usuarios. Se prevé que para el 2020 habrá 40.000 millones de dispositivos conectados a la red.

Entonces, **¿cómo hacer frente a ese mercado global?** Desde ya, hay muchos profesionales dedicados a su formación continua y lo asumen como gran desafío en el que no puede haber resistencia.

Se trata de un cambio que no solamente debe ser tecnológico, sino que conlleva a nuevas aptitudes tanto de los profesionales como de las organizaciones para poder formar parte de un mercado globalizado, que deja atrás las brechas y está en constante crecimiento tal como lo supone el mundo hiperconectado.

En este contexto, los emprendedores tienen a la tecnología como un gran aliado y esto implica invertir menos con mayores posibilidades de lograr impacto, puesto que ya no se requiere contar con un músculo financiero para emprender una buena iniciativa. **Un emprendedor que tenga una planeación correcta y una estrategia de marketing acertada podrá ir creciendo en un negocio mediante el uso de las herramientas digitales.**

El mundo digital ha desplazado, entre otros espacios, a la publicidad tradicional y esto permite a los emprendedores generar contenidos que puedan difundir por sus propios medios. Para cualquier emprendimiento hoy es sencillo darse a conocer. Por eso, tener una página web, correo electrónico y cuentas en las principales redes sociales, como Facebook e Instagram es más que básico.

Además, las redes proporcionan un acercamiento con los usuarios y ahora es posible conocer sus hobbies, hábitos y comidas favoritas sin necesidad de preguntarles. Toda esa información será vital al momento de crear promociones y generar un mejor servicio, pensado para atraer clientes dispuestos a pagar por algún rasgo novedoso que llene sus expectativas.

La industria 4.0 muestra un tiempo prometedor cargado de oportunidades para quienes estén dotados de un espíritu innovador y una dosis de creatividad. Muchos empleados continuarán en esta industria en medio de mucha competencia; se quedarán aquellos que mejor se adapten y sumen a las organizaciones. Por ahora y en el futuro, los emprendedores seguirán dominando esta cuarta revolución industrial.

7
Gestión del Cambio en organizaciones

"El cambio es una puerta que se abre desde dentro".

Terry Neill

Actualmente, son muchas los factores que influyen en el cambio ineludible de las organizaciones que, en poco tiempo, han pasado de un estado de pasividad a un proceso de renovación permanente.

La globalización, los altos niveles de competencia, la aparición de nuevos actores en el ámbito laboral, las exigencias cada vez más apremiantes por parte de los consumidores y la constante evolución tecnológica se incluyen hoy en los nuevos retos de las organizaciones que, en su mayoría, han entendido que estos cambios externos deben ser aprovechados para el bien del entorno empresarial.

Como muchas veces ocurre en el ámbito personal, en las organizaciones los cambios no siempre son bienvenidos y, ante esto, es necesario explicar de qué van para generar un ambiente favorable que permita llevar adelante este proceso de transformación que debe adelantarse primero en el ser humano, es decir en los **colaboradores,** para así evitar resistencias que puedan colocar en riesgo los objetivos de la empresa.

Si una persona no se siente a gusto con su trabajo no podrá ofrecer lo mejor de sí mismo para que este sea fructífero y tampoco se esforzará en hacerlo, porque simplemente no se siente comprometido. Lograr ese sentido de pertenencia con la organización es el primer paso para encaminar a los **colaboradores** hacia la búsqueda del crecimiento organizacional.

Este trabajo se lleva a cabo a través de la Gestión del Cambio, disciplina que de acuerdo con el libro *The Human Change Management Body of Knowledge* (HCMBOK), permite:

> **"Llevar a una persona o a una organización del estado actual a uno deseado".**

Y cuyo objetivo es:

> **"planificar, medir y monitorear las acciones de gestión del factor humano en los proyectos de cambio, aumentando**

> **así las posibilidades de que los objetivos esperados sean alcanzados o inclusive superados".**

Tal como se define en este libro, la **Gestión del Cambio** se encarga de planear y evaluar las acciones de los seres humanos para generar proyectos de cambio que lleven a alcanzar metas establecidas en las empresas.

Para lograrlo también es fundamental que las organizaciones trabajen en una estrategia que responda a su realidad interna y con un enfoque que involucre a los **colaboradores**, quienes a diario son empujados a adaptarse a los nuevos desafíos profesionales y personales de la era digital, porque de no hacerlo, muchos seguirán siendo desplazados por el avance de la tecnología, un tema del que todos los días se reciben datos alarmantes. Este proceso de formación no debe ser asumido como una obligación, sino como un proceso necesario que les servirá para su crecimiento no solo profesional, sino también personal.

No obstante, si bien para la mayoría de las empresas el cambio es una gran oportunidad para aprender y abrirse un camino en nuevas líneas de negocios, para otras representa inconvenientes y esa resistencia perjudica el desarrollo de las organizaciones, sobre todo en momentos de cambios constantes.

Durante este proceso de cambio el principal miedo de las organizaciones es perder productividad y eso es inevitable. En el libro HCMBOK, esta etapa se denomina **"valle de la desesperación"** y se encuentra casi en la misma posición del desempeño empresarial antes del cambio, posición que sube de manera significativa con el desempeño después de la Gestión del Cambio. Este valle de la desesperación igualmente se relaciona con las dificultades que enfrentan muchos colaboradores para adaptarse a las cada vez más novedosas metodologías de trabajo, lo que representa un gran desafío para las empresas. Sin duda, todas estas etapas son necesarias y, tal como si se tratara de cambios en la vida cotidiana, requieren atravesar ese periodo de improductividad para alcanzar el desempeño que buscamos.

Seguramente esto te suena un poco familiar, porque todos alguna vez hemos tenido que detenernos, dejar a un lado el trabajo y los compromisos para hacer una pausa, esas que siempre son necesarias y que luego nos impulsan a seguir. Después de esta etapa de renovación, las ideas fluyen mucho más rápido y somos capaces de tomar las riendas de todo con mucha más fuerza que antes.

En este viaje -que muchos llamamos vida- hemos atravesado por ese valle de la desesperación. Y, aunque para unos el camino ha sido más largo que para otros, siempre la luz ha aparecido incluso en situaciones de mayor dificultad. Son esos momentos esperanzadores los que nos permiten seguir, levantarnos y dar la batalla ante las circunstancias venideras.

¿Qué seríamos sin la esperanza?

¿Qué seríamos sin la posibilidad del respiro en medio de la sofocación? ¿Qué seríamos sin la posibilidad de ver la luz al final del túnel?

Nada más bonito que sentir esa satisfacción de revivir, esa que solo es posible después de levantarnos de momentos realmente oscuros en los que pensábamos que todo estaba perdido. Para aprender, muchas veces tenemos que experimentar la posibilidad del vacío y es ese vacío el que nos lleva a reencontrarnos con nosotros mismos, ya no como antes, ahora completamente renovados y transformados.

Esa transformación es la que nos permitirá ver el horizonte que creíamos perdido, enfocarnos en nuestros objetivos y divisarlos, para darle espacio a una idea que -en la mayoría de los casos- se puede mejorar y reabrir un sinfín de caminos tanto a las personas como a las organizaciones.

> **"Al fin y al cabo, somos lo que hacemos para cambiar lo que somos".**
>
> decía el escritor y periodista uruguayo Eduardo Galeano.

Este ejemplo de la vida cotidiana es muy similar al proceso que ocurre en las organizaciones. Así que es fundamental tenerlo en cuenta al momento de iniciar el cambio organizacional, que tampoco puede asumirse como un hecho aislado y futurista, muchas veces inalcanzable. Hay que aterrizarlo y hacerlo posible para todos los miembros de la empresa, lo cual hará la diferencia y se traducirá en resultados más inmediatos y que dejarán de ser completamente futuristas.

Durante este método de cambio será necesario contar con profesionales que puedan servir de orientadores en la toma de decisiones para lograr las metas propuestas. Grandes empresas como Google, Grupo Bancolombia, Prebel y BBVA, entre otros, son ejemplo de cómo el Coaching Ejecutivo sirvió para afianzar el liderazgo y generar los cambios pertinentes en la cultura corporativa.

Todos sabemos que estar al frente de una empresa no es tarea sencilla y, para evitar que los directivos se sientan frustrados en medio de un sinfín de responsabilidades, es vital buscar ayuda profesional.

Volviendo a la etapa de la gestión del cambio denominada valle de la desesperación, vale destacar que esta afecta directamente a agentes sociales que cumplen roles importantes dentro de las organizaciones. Es el caso de los stakeholders.

Protagonismo de los stakeholders

El término stakeholder fue acuñado por primera vez en 1963 por el Stanford Research Institute y luego en 1984 por el filósofo americano y profesor de administración empresarial Edward Freeman, quien amplió esta definición para referirse a todas las personas o entidades que -producto de las decisiones de una empresa- se pueden ver afectados.

Freeman dividió los stakeholders en varios grupos. **Los primarios,** que son indispensables para el funcionamiento de la organización, como es el caso de accionistas, clientes, proveedores y los propios colaboradores. **Los secundarios,** que no participan directamente en las decisiones de la empresa, pero de alguna u otra pueden afectarla, tal es el caso de los medios de comunicación, las Organizaciones No Gubernamentales, entre otras. Y, por último, **los aliados estratégicos** entre los que se encuentran inversores, las entidades financieras, entes reguladores y la sociedad.

De manera que la evaluación de los stakeholders juega un papel importante al momento de generar cambios en las organizaciones y, conocer su visión, será indispensable para que una empresa pueda mantenerse en el tiempo. Por eso, la detección de los stakeholders es una tarea necesaria dentro de una empresa, como por ejemplo para un plan de Marketing Digital, un concepto que surgió en los años 90 y que en la actualidad toma cada vez más relevancia en las organizaciones, gracias a sus ventajas para desarrollar estrategias de comercialización a través de plataformas digitales.

Es prioridad incluir a los stakeholders en los proyectos de cambio de las organizaciones, ya que una buena relación entre estos y la empresa se traducirá en una excelente reputación empresarial y un buen desempeño. Por el contrario, la falta de comunicación con los stakeholders no permitirá a las organizaciones aprovechar oportunidades y evitar dificultades. Sin duda, estos agentes sociales son clave para una empresa.

De una buena relación con los stakeholders dependerá lograr una prometedora gestión empresarial, puesto que ellos ejercen gran influencia en las decisiones y en su proceso de ejecución. También es importante que los recursos sean manejados teniendo en consideración sus necesidades, pues lo más recomendado es que cada uno de los grupos de la organización sean reconocidos y, de esta manera, puedan sentirse más comprometidos en la búsqueda del éxito de la empresa.

Esa relación entre las partes es considerada necesaria para la creación de estrategias competitivas a largo plazo y además porque -para el crecimiento y desarrollo de la imagen empresarial- se requiere aceptación de la otra parte. No pueden trabajar de manera separada y sería contraproducente emprender la Gestión del Cambio en una empresa dejando de lado a los stakeholders.

Los nuevos tiempos han modificado por completo las formas tradicionales de emprender y mantener negocios, al dejar atrás la necesidad de trabajar teniendo en consideración solamente factores como la calidad del producto, el servicio y el precio. En la actualidad, las ventajas competitivas están marcadas por factores éticos, sociales y medioambientales, entre otros, que sí marcan la diferencia. Así que, en definitiva, ampliar el compromiso con los stakeholders es hoy una tarea vital para cualquier empresa.

Necesidad de cambio

> "El secreto del cambio es concentrar toda tu energía, no en luchar contra lo viejo, sino en construir lo nuevo".

La frase anterior pertenece a Sócrates, filósofo griego que consideraba a la filosofía como una vía para lograr el bienestar de la sociedad. A diferencia de otros filósofos, Sócrates es quizá con el que sentimos más cercano por sus reflexiones sobre la ética, la razón y las elecciones humanas que -a su juicio- estaban motivadas por el deseo de buscar la felicidad.

Ahora, **¿estará el cambio relacionado con la búsqueda de la felicidad personal y el bienestar de una empresa?** Parte de esa respuesta está en la frase de Sócrates, completamente vigente.

Otras respuestas se pueden encontrar en el libro *La verdad sobre la gestión del cambio*, de William Kane, en el que este ejecutivo de recursos humanos, experto en cambio organizacional y escritor, ofrece información valiosa sobre este proceso que ejemplifica con un viaje de muchos destinos y sin un fin. Según él, todo cambio crea oportunidades colectivas e individuales de aprendizaje, incrementa el compromiso y despierta el interés de los colaboradores hacia su trabajo, lo que lleva a un incremento de su productividad, satisfacción y su autoestima. Todos estos factores son positivos para la empresa y sus objetivos de crecimiento.

Durante la gestión del cambio organizacional, los directivos deben enfrentarse a retos y aprovechar oportunidades para transformar el estado actual de su empresa con nuevas ideas y propuestas dirigidas a ampliar las metas de la organización.

Aunque la mayoría de los ejecutivos trabajan cada vez durante más tiempo, no siempre esto se traduce en buenos resultados. Y en casos como estos hay que tener en consideración que es posible que se presenten ambigüedades, falta de información y confusión. De todo esto es necesario ocuparse.

De acuerdo con Kane, como líder también es fundamental reconocer esos momentos en los que se pierde el contacto consigo mismo y todo el grupo que se lidera. Y, por último, es vital mantener mucho optimismo durante el proceso. Esto es lo único que nos dará motivos para continuar aunque parezcan muy lejanos los objetivos. Recuerda que un líder optimista transmitirá ese mismo sentimiento a todo su equipo.

Entonces, ¿sí existe una manera de prepararse para el cambio en una organización?

Kane asegura que hay dos habilidades que un buen directivo debe tener: las analíticas, para las que se requiere saber de gestión de procesos, sistemas, finanzas y estructura organizativa. Y las de ejecuciones que requieren capacidad de imaginación para visualizar lo que queremos y transmitirlo de la mejor manera al resto de la empresa. El ingenio, que funge como incentivo para asumir las metas de manera creativa. La capacidad negociadora, la toma de decisiones, ser capaces de ayudar a los demás miembros del equipo y saber implementar procesos que lleven a resultados esperados.

Si un líder cuenta con estas habilidades podrá crecer en la gestión del cambio, pero si no tiene estas habilidades y tampoco está convencido de su idea, no será capaz de transmitir -al resto de su equipo- la necesidad de recorrer el camino que sea necesario para llegar a todo lo que se propone dentro de la organización.

Es como cuando tenemos un sueño. Primero hay que imaginárselo y, luego, trabajar en él con una estrategia que nos permita alcanzarlo.

¿Podemos realizar un sueño sin antes preparar el camino para hacerlo?

Seguramente no, puesto que hacerlo posible también pasa por tener una estrategia sólida, porque de lo contrario quedará en un sueño y lo veremos como inalcanzable, precisamente porque no sabemos cómo hacerlo. Pasa con grandes ideas, proyectos y metas que quedan solo en palabras por no tener un plan. De esta misma forma funciona la gestión del cambio, pues la estrategia debe ser diseñada para alcanzar los objetivos, esto sin obviar los valores organizacionales que son fundamentales para la operatividad de toda empresa.

Otro aspecto que aborda Kane en este libro es la importancia de la cultura de la colaboración y el error de la competencia entre los equipos.

> **La competencia se da cuando las personas trabajan hacia objetivos mutuamente excluyentes; para que una se realice, otra debe perder. Como consecuencia, la gente se siente frustrada y amenazada, ven al otro como el obstáculo para sus fines egoístas. La hostilidad y la baja productividad hacen estragos en la organización.**

Según Kane, la cultura de la colaboración crea las condiciones para mejorar la productividad. Y dice que las personas triunfan cuando se ayudan de manera mutua en la realización de un objetivo común. Por eso, la clave para fomentar la cultura de la colaboración es compartir objetivos y roles. Kane recomienda a los directivos incentivar al personal a trabajar juntos y a reconocer la contribución de cada uno, sin que se vean perjudicadas las responsabilidades individuales y colectivas.

Este ejecutivo, reconocido por sus logros en el liderazgo de empresas multinacionales y el éxito de pequeñas iniciativas empresariales, igualmente se refiere en su libro a la pertinencia del reconocimiento, ya que esto se traducirá en un mayor compromiso de trabajo por parte de los colaboradores. Lo último podemos ejemplificarlo con algún cargo desempeñado o que desempeñemos en la actualidad, en el que no hubo reconocimientos al principio y en el que después se recibió uno. En definitiva, tras obtener un reconocimiento, el empleado se sentirá parte de la empresa y estará mucho más motivado a seguir que antes. Así que como líder es fundamental tener en consideración todos estos aspectos para que la empresa pueda transitar hacia el éxito.

Convertirse en líder no es una tarea sencilla, porque se requieren habilidades para dirigir empresas y trabajar directamente con equipos. De una buena relación con los colaboradores y una buena gestión como directivo dependerá el éxito de una organización. Al respecto, Juan Carlos Cubeiro, experto en liderazgo, Coaching y gestión de talento, destaca la importancia de dejar atrás la figura de los jefes tradicionales para pasar a los gestores de equipos.

> "El liderazgo no es tener la vara de mando, sino un talento para influir decisivamente en los demás".

Corren tiempos de grandes cambios y de eso tampoco escapan los líderes, quienes también están llamados a adaptarse a esta época y acoplarse a la generación de los millennials. En el libro **Liderazgo Zidane: "El genio que susurraba a los millenniales"**, de Juan Carlos Cubeiro toma la capacidad de liderazgo de Zidane como ejemplo para dar a conocer cómo este exfutbolista y entrenador francés logró sumar éxitos gracias a su estilo particular para dirigir a un grupo de jóvenes futbolistas pertenecientes al Real Madrid. Cubeiro asegura que en este tiempo, Zidane fue capaz de manejar dos aspectos fundamentales para alcanzar el éxito: la serenidad y la capacidad para afrontar momentos de dificultad.

Esta es la razón por la que Cubeiro recomienda tener en cuenta el estilo de Zidane. "Todos podemos aprender de su estilo de liderazgo para nuestras empresas y nuestras organizaciones. El futbolista se la juega en campeonatos, pero te permite ver temas muy importantes para la empresa como el liderazgo en equipo, la motivación, el compromiso, o el clima, que tiene que ver con la cuenta de resultados. Ellos solo juegan a ganar o perder en 90 minutos y las compañías en un año, pero las claves son las mismas", asegura Cubeiro.

Según Cubeiro hay 10 aspectos que llevaron a Zidane a convertirse en el mejor entrenador del Real Madrid de todos los tiempos.

1. El trato a los millennials.

2. La capacidad que tuvo para generar credibilidad.

3. La capacidad para hacer crecer su propia marca.

4. La serenidad como entrenador.

5. Mostrarse simpático con todos.

6. Ser un gran apasionado del fútbol.

7. Tener claro que lo más importante eran los jugadores.

8. Siempre tuvo una mentalidad de campeón y pensaba en grande.

9. Siempre fue un entrenador con mucha actitud.

10. Logró transmitir ilusión.

Es importante hacer énfasis en el último aspecto, ya que si un líder no es capaz de transmitir ilusión a su equipo, no logrará ganar ni crecer. Así como ocurre en el fútbol pasa con los directivos de empresas, quienes al no poder ilusionar a sus empleados tampoco lograrán generar transformaciones positivas en sus organizaciones, más en tiempos de cambios digitales. En el fútbol y en las organizaciones pasa lo mismo que en las personas, ya que si no somos capaces de sentir ilusión por lo que hacemos, de nada servirá trabajar en un proyecto, una idea, un sueño. Quizá todo lo anterior se pueda materializar, pero los resultados no serán como esos casos exitosos en los que sí se logró transmitir pasión.

Pasos de Kotter

John Kotter es considerado uno de los autores más destacados del pensamiento gerencial, debido a sus aportes para abrir paso al cambio personal de los equipos de trabajo como vía necesaria para implementar el cambio organizacional.

Según Kotter, estos son los 8 pasos para lograr el éxito durante este proceso:

> **1. Promover un sentimiento de urgencia para que los colaboradores comprendan por qué es importante emprender ese cambio en la organización. Es necesario explicar las ventajas de este proceso de cambio para evitar resistencia.**

2. Sabemos que no es fácil salir de la zona de confort, menos cuando un trabajador tiene muchos años siendo parte de una empresa. Por eso, hay que dar a conocer el cambio personal y exponerlo de forma clara y sencilla, que permita mostrar lo que se busca con el cambio organizacional.

3. Tener un equipo que sirva de guía para difundir las emociones al resto de los empleados. Esto es lo que se conoce como efecto espejo. Si un empleado está motivado y lo transmite al resto de sus compañeros, seguramente habrá resultados inmediatos. Los resultados no serán los mismos si es el directivo quien se encarga de transmitir ese mismo mensaje.

4. Este mismo equipo guía deberá encargarse de comunicar al resto de los compañeros el mensaje de cambio, lo que eliminará las posibles resistencias.

5. Será necesario que los directivos estén en la capacidad de facilitar nuevas dinámicas y estrategias para abonar el camino hacia el cambio.

6. No deben establecerse objetivos a largo plazo, sino a corto plazo para evitar que los colaboradores pierdan motivación. En ese punto, Kotter propone convertir las grandes metas en pequeños hitos.

7. Hay que ser persistente para fomentar la evolución de los trabajadores de manera continua.

8. También hay que generar cambios dentro de la cultura organizacional para que sea un valor inherente a la empresa y genere avances durante el proceso. Transformar la cultura organizacional será vital al momento de llevar adelante el proceso de cambio.

Respecto a la generación de liderazgo en las organizaciones, Kane, también profesor de la Escuela de Negocios en la Universidad de Harvard, considera que la mayoría de los líderes desarrolla sus propias capacidades de liderazgo con la experiencia y el tiempo.

> "...No se puede enseñar liderazgo. Las personas aprenden a liderar de la misma forma como aprenden cualquier otra función social complicada, es decir, lentamente, a lo largo de muchos años y principalmente por el método de prueba y error, orientadas por una visión de lo que es un buen liderazgo y frecuentemente con el estímulo del modelo de otras personas con gran capacidad de liderazgo", afirma.

A juicio de Kotter, en una empresa burocrática es imposible que existan líderes, puesto que tienen demasiados niveles jerárquicos, así como mecanismos de control que impiden el desarrollo del liderazgo. Esto contrasta con las realidades generadas por la globalización, porque ahora se requiere más cantidad de personas ejerciendo varias funciones y preparadas para asumir los retos que impone la época digital.

Según Kotter también se debe trabajar para que cada vez un mayor número de empleados ejerzan un liderazgo que les permita llevar adelante las transformaciones deseadas en las organizaciones. Esto forma parte de los desafíos profesionales de los nuevos tiempos.

Gestionar el cambio es un proceso que implica actividades como enseñar y orientar a los colaboradores. Pero, además, requiere tener en consideración los resultados de investigaciones en el campo de los recursos humanos, sin olvidar que igualmente será necesario dejar atrás muchas ideas que sirvieron en el pasado para el funcionamiento de muchas empresas y que hoy son completamente obsoletas.

Contar con líderes de cambio, establecer límites para alcanzar los objetivos propuestos, construir todo partiendo de la necesidad insoslayable de emprender modificaciones y generar transformaciones en la cultura organizacional será fundamental para lograr una gestión del cambio completamente efectiva dentro de una organización.

El reconocido coach español Fernando Álvarez habla en su web *Desde La Trinchera* de la importancia de mantener a las empresas en renovación constante y de no desperdiciar las oportunidades por pequeñas que parezcan, ya que de estas pueden nacer grandes ideas.

> **"Toda organización no puede conformarse con quién es, tiene que avanzar hacia lo que puede llegar a ser".**
>
> **Frase del coach Fernando Álvarez**

Con lo anterior, este entrenador emocional recoge parte de lo que puede lograrse a partir de pequeños incentivos y sirve, además, para ilustrar ejemplos motivadores de cómo lo que en principio solamente parece una idea, puede convertirse en todo un éxito.

Tal fue el caso de Apple, una empresa que nació en 1976 en un garaje ubicado en California, Estados Unidos, donde el entonces joven Steve Jobs comenzó, junto a un grupo de amigos, a diseñar y producir equipos electrónicos -muchos de estos en principio rechazados por empresas de la época- y que luego llegaron a revolucionar el mundo de la informática personal. Apple es hoy considerada una de las primeras empresas del mundo.

Otro de los casos es Colgate, empresa creada en 1806 por el inglés William Colgate, quien pasó de dedicarse a la modesta fabricación de jabones, velas y almidón a innovar con su primera pasta de dientes. Empezó a distribuirla en pequeñas porciones para uso personal hasta que con el tiempo perfeccionó el producto. Actualmente, Colgate-Palmolive Company es una multinacional presente en más de 220 países con cualquier cantidad de productos para el cuidado y la higiene personal.

Zara, Marlboro y Disney de igual forma son parte de la amplia lista de empresas que no requirieron grandes inversiones para crecer, sino tener proyectos capaces de trascender por su originalidad y una visión optimista para levantarse aún en medio de las dificultades.

En su web *Desde La Trinchera*, Álvarez también reflexiona sobre la importancia de avanzar en las empresas, puesto que si no igualmente lo hará la competencia y eso se traducirá en un retroceso para esta al crear distancia entre lo que pide el mercado y lo que la organización puede ofrecer. Esa poca capacidad para avanzar, sin duda, hará mucho más difícil la supervivencia de las empresas. "Hoy no es el pez grande, sino el rápido quien se come al lento", acota Álvarez.

Para este coach

> **El futuro será conquistado por grupos de personas que trabajan con rapidez, sincronizadas y con un único objetivo común.**

Con lo cual se refiere a las oportunidades de crecimiento que ofrece el trabajo en equipo siempre y cuando existan metas compartidas.

La época del trabajo en solitario, asumido muchas veces por una misma persona, quedó atrás. En este tiempo de transformación digital si una empresa no cuenta con un equipo cohesionado, capaz de estar en formación constante y de asumir diversos roles, no podrá tener éxito.

¿Pueden los directivos asumir el reto de estar al frente de estos cambios sin ayuda profesional?

Definitivamente no. Los directivos ya cargan con un sinfín de responsabilidades en las que muchas veces se pierden por no saber cómo sobrellevarlas.

Buscar la profesional será muy útil para reordenar y reorientar ideas, proyectos y objetivos de las organizaciones. Pretender hacerlo en solitario no servirá de nada porque son estos profesionales, de la Gestión del Cambio, los que cuentan con técnicas y herramientas para labrar el camino que permita alcanzar el éxito.

> "Unos resultados empresariales sobresalientes son consecuencia de un equipo de personas sobresalientes, incluida tú. Entrénalas para que lleguen a su máximo rendimiento y tu empresa logrará resultados sin igual", agrega Álvarez.

Pasa lo mismo con empresas, emprendedores, interemprendedores y demás personas, quienes pueden encontrar en la Gestión del Cambio, una forma de avanzar y ser productivos.

El Coaching es actualmente un área muy demandada por grandes, pequeñas y medianas empresas en todo el mundo que han entendido la pertinencia de llevar adelante procesos de cambio para mantenerse, crecer y lograr los objetivos propuestos. Todo apunta a que esta herramienta continuará acompañando a muchas organizaciones en este largo camino de transformaciones diarias, imposibles de detener y que con el tiempo serán mayores.

La Gestión del Cambio es una disciplina indispensable para el desarrollo de las organizaciones en tiempos de revolución digital. Por eso, es necesaria su aplicación en las empresas aun cuando se trate de empresas consolidadas, pues de no hacerlo sería muy difícil que se mantengan en el tiempo.

Hay que recordar que la transformación digital ha abierto un abanico de oportunidades a nuevos talentos y emprendedores, gracias a las bondades de la web, lo que ha ampliado la competencia. Las empresas tienen mucho por hacer y solo a través de una buena Gestión del Cambio podrán avanzar, crecer y mantenerse en un mundo cargado de exigencias diarias.

Aunque son muchos los desafíos que hoy enfrentan las empresas, no es imposible enfrentarlos. Y, para eso, existen profesionales que pueden servir de guías durante este proceso.

Las organizaciones están llamadas a crecer de una manera más dinámica y adaptadas a las nuevas realidades que a diario son determinadas por el mundo digital. Formación, capacidad de adaptación, liderazgo, rapidez, diversificación de roles dentro de las empresas y fuera de ellas, ser positivos, creer que los sueños se pueden realizar por pequeños que parezcan, trabajar en objetivos comunes, consolidar equipos y ser a diario más productivos son algunos de los atributos que deben tener hoy los trabajadores y, al mismo, tiempo directivos de una empresa.

Hay que trabajar para dejar atrás viejos esquemas empresariales y abrirse al universo de oportunidades que es posible gracias a Internet. Muchas organizaciones lo han entendido, pero otras no y esas son las más propensas a quedarse en el camino. En el caso de las innumerables empresas que trabajan para consolidarse, la Gestión del Cambio les servirá para hacerse un espacio en un mundo globalizado y muy demandante, aun cuando pareciera que todo es posible lograrlo a través de la automatización y sin ningún tipo de intervención humana. Como empresarios es necesario que pensemos en grande y esto solo se logra al tener metas claras. De ahí que trabajar en una estrategia para materializar lo que buscamos sea importante.

¿Sabías que por desconocimiento son muchas las ideas grandiosas que se han perdido?

Esta es una realidad con la que alguna vez nos hemos encontrado y a muchos también nos ha tocado ser testigos de cómo a otros sí les ha servido una buena idea para crecer. Seguramente, en la mayoría de esos casos de éxito estuvo presente la orientación y un plan que permitió llevar adelante esa idea, aunque todo parecía completamente inalcanzable.

Estar seguros de los que hacemos, de nuestro poder como personas, como líderes, como directivos, como trabajadores será fundamental para lograr todo lo propuesto. Hay que visualizar nuestros objetivos, volverlos palpables, realizables, darles forma para que veamos todo lo que somos capaces de lograr. Muchos son los que abandonan el camino ante las primeras caídas y no se dan cuenta de que esas caídas son parte del camino y que son esos tropiezos los que nos dan motivos para levantarnos con más fuerza y renovados, incluso con ideas que aportan a lo que ya teníamos pensado hacer.

No hay que temer al cambio, las empresas tienen que arriesgarse a asumir cambios, aunque estos lleven al conocido valle de la desesperación, una etapa que debe verse no como una pérdida, sino como un momento que servirá para salir completamente fortalecidos como organización. Tan simple como que esa etapa pasajera de improductividad se traducirá en mayor crecimiento para la empresa.

Son incontables los casos exitosos de empresas, emprendedores y líderes que han encontrado en la Gestión del Cambio una gran herramienta que les ha permitido crecer y comprender las nuevas realidades demandadas por la constante transformación digital. Hacerse un espacio en este amplio camino requiere acompañamiento profesional, tal como lo hicieron muchas de estas empresas que se mostraron dispuestas a asumir las transformaciones no como una obligación, sino como una oportunidad de crecimiento.

8
Gestión del Cambio en los emprendimientos

"Las personas tienen miedo de los cambios. Yo tengo miedo de que las cosas nunca cambien".

Chico Buarque

Muchas veces, para referirnos a quienes admiramos por sus logros, utilizamos el término emprendedor. Y cuando repasamos en nuestra mente la lista de emprendedores, nos encontramos con el hecho de que cada vez es más larga, lo que ha convertido este término en algo mucho más cercano.

Pasamos de ver únicamente como emprendedores a personalidades, artistas, políticos y activistas, a notar que en nuestro entorno también germinaba la semilla del emprendimiento a través de familiares, amigos, colegas y conocidos, un tema en el que, sin duda, la transformación digital tiene gran parte de la responsabilidad.

¿Esto quiere decir que la época digital ha sido una herramienta para impulsar el nacimiento de los emprendedores?

Todo indica que sí y a medida que se generen mayores cambios esa lista será más larga, lo que sirve para motivar a quienes -deseosos de ver materializada su idea- se encargarán de regar la semilla del emprendimiento para que pueda crecer y dar sus frutos.

Desde una mujer que decide crear su propia empresa a partir de su rol de madre, hasta el joven que es profesor pero descubre en la informática su verdadera pasión y crea una aplicación que en poco tiempo alcanzó el éxito, son incontables los casos de emprendimientos que surgen todos los días y que invitan -sobre todo- a los millennials a tener confianza en lo que pueden ser capaces de lograr en un mundo globalizado y supercompetitivo, pero que igualmente ofrece oportunidades a quienes con un espíritu innovador pueden llegar a hacer grandes cosas.

Un emprendedor no debe sentirse limitado por falta de inversión.

Hay que recordar que muchas empresas exitosas nacieron desde lo pequeño y movidas por el sueño de querer hacer algo innovador. Los jóvenes de hoy ya no tienen las mismas expectativas de las generaciones pasadas, ahora creen que mucho más es posible y, desde temprana edad, anhelan tener algo propio.

El sueño de formar parte de una empresa consolidada ha sido desplazado por el de querer tener una empresa, incluso actualmente son muchos los colaboradores que cumplen su jornada laboral y, al mismo tiempo, se dedican a trabajar en su emprendimiento porque han entendido que el futuro está ahí. Así como esta época ha cambiado, las expectativas también se mantienen en constante cambio y eso es positivo para la nueva generación de jóvenes que parece no detenerse a pensar en los límites.

Se trata, pues, de un término que ha evolucionado y que permite pensar cómo el emprendimiento puede llevarnos a tener nuestra propia empresa, a trabajar con pasión por lo que realmente queremos, igualmente a lograr nuestros sueños, a volver invisibles las barreras, esas que la globalización nos ha demostrado que simplemente no existen; a ver a través de las experiencias de otros cómo hacernos un espacio en este camino al que todos los días se suman más profesionales y jóvenes que con su talento trabajan en ideas novedosas y que responden a las expectativas de los consumidores.

Conocer esas preferencias y generar ideas para atenderlas es una posibilidad que ofrece la era digital y las empresas lo saben. Eso quiere decir que así como lo hacen constantemente las organizaciones ¿pueden los emprendedores valerse de las herramientas digitales para obtener información del mercado al que quieren dirigirse? Sí y hacerlo es positivo para ajustar esa idea a lo que desean los consumidores, quienes son cada vez más exigentes, porque al estar la mayor parte de su día conectados a un dispositivo móvil, buscan constantemente más que solo productos de alta calidad.

Los emprendedores de hoy no deben dejar de lado la información de mercado que, estamos seguros, servirá para ver florecer el proyecto. Muchos piensan en la inversión para un estudio de mercado y olvidan que existen herramientas que -con un poco de conocimiento- pueden emplearse por medios propios. Es pertinente tener esa información para poder darle forma a la idea en la que se trabaja. Con esto, muchos emprendedores han detectado fallas y han logrado conseguir eso que realmente buscan los clientes. Desconocer lo que desean los consumidores, tendrá consecuencias aun cuando se tenga una muy buena idea.

Trabajar en la adaptación de un producto o servicio a las necesidades reales es hoy una regla, porque así como todos los días un emprendimiento puede ganar cualquier cantidad de clientes, con la misma facilidad puede perderlos. Hacer notar que esa idea es completamente nueva, asegurarse de que lo sea, que ofrezca algo distinto -por pequeño que parezca- y que pueda serlo, marcará la diferencia. Un emprendedor jamás debe trabajar de manera aislada y menos en esta época de cambios.

¿Cuántos emprendedores empezaron desde cero? ¿Cuántos no tenían ni siquiera un espacio amplio para ofrecer a sus colaboradores?

En la película *Steve Jobs*, del director Danny Boyle, se observa cómo un grupo de jóvenes liderados por Jobs comienzan a reunirse en el garaje de su casa, desde donde fueron capaces de crear ideas que cambiaron el rumbo de nuestras vidas para siempre. Y como Jobs, muchos otros.

Todos ellos eran jóvenes y en la mayoría de los casos se hace referencia a emprendedores jóvenes.

¿Existe entonces una limitante de edad para emprender?

La verdad es que no existe. Como ejemplo tenemos a Felicitas Garcés, una española que a sus 92 años de edad abrió su séptima tienda de ropa y que empezó en el mundo de la costura confeccionando uniformes militares cuando apenas tenía 13 años. Tras décadas de esfuerzo, Garcés logró consolidar su propia cadena de tiendas denominada Felgar.

Más allá del mundo de la tecnología hay cualquier cantidad de ejemplos de emprendimientos que vale mencionar. Tal es el caso de la mexicana Tere Cazola, quien comenzó vendiendo dulces y solo contaba con una licuadora y un horno en la cocina de su casa, desde donde ofrecía pedidos a familiares y amigos. Después de años de trabajo arduo y constante logró consolidarse como una gran empresaria que cuenta con más de 25 sucursales en su país.

Esos ejemplos demuestran que se puede desarrollar un buen proyecto sin contar con un gran financiamiento. Y, al mismo tiempo, se puede dar respuesta a otra de las necesidades apremiantes de los emprendedores, como es la formación, una de las bondades de la era digital. De esta manera, un emprendedor debe aprovechar las plataformas para manejar las herramientas que son fundamentales y que le permitirán hacerse un camino en el mundo de los negocios. Así que no hay excusas. Aquel que tenga una idea podrá cultivarla, siempre que tenga claro hacia dónde quiere llegar.

Rol del emprendimiento.

En sus inicios, el término emprendedor -que fue acuñado en el siglo XVIII por el economista irlandés francés Richard Cantillon- estuvo muy marcado por su rol en la economía. Y, por esta razón, Cantillon define al *entrepreneur* (empresario) como el "agente que compra los medios de producción a ciertos precios y los combina en forma ordenada para obtener de allí un nuevo producto". Cantillon aseguraba que un emprendedor era quien debía asumir los riesgos del comportamiento del mercado.

Debido a las nuevas realidades, con el tiempo este término fue ampliado y es válido hacer referencia a la postura del economista americano y a uno de los autores más influyentes del tema empresarial, como lo es Peter Drucker, quien afirmaba que cualquier persona podía llegar a ser un empresario si era capaz de tomar decisiones. Pensaba, además, que aquellas personas que necesitan tener certezas no cuentan con condiciones para ser emprendedoras y que aun cuando desconoce lo que ocurre, un emprendedor debe asumir el cambio como "norma saludable".

A diferencia de Cantillon, Drucker creía que el concepto de ***entrepreneur* no podía limitarse al ámbito económico,** porque está relacionado con todas las actividades humanas. En 1964, Drucker define a un emprendedor como una persona que "busca el cambio, responde a él y explota sus oportunidades. La innovación es una herramienta específica de un emprendedor, por ende el emprendedor efectivo convierte una fuente en un recurso".

Drucker fue fiel defensor de los trabajadores porque sabía que las potencialidades de las empresas estaban en estos y destacó la importancia de verlos como un recurso y no como un costo. **Se refirió a las empresas como comunidades humanas que debían**

construirse sobre la confianza y el respeto hacia sus colaboradores.

Como parte de su legado, Druker enseñó a las nuevas generaciones de estudiantes y gerentes la necesidad de incorporar personas emprendedoras en una empresa y la importancia de colocarse del lado del cliente para entender lo que quiere. También pensaba que la **"gente talentosa"** era parte esencial de toda empresa exitosa.

Aunque en su libro *El ejecutivo efectivo*, Drucker se refiere a cinco prácticas esenciales para estos, muchos emprendedores las han tomado en cuenta para llevar adelante sus ideas. Las cinco prácticas son las siguientes:

1. **Tener registro del tiempo.** Esto es fundamental para todo emprendedor, porque evita perder tiempo en la improductividad. Por eso, es importante anotar en qué se invierte el tiempo.

2. **Orientarse hacia la contribución.** Un emprendedor debe pensar siempre en las cosas que puede hacer para lograr mayor impacto en la empresa donde trabaja o en su propio negocio.

3. **Inclinarse hacia las fortalezas y no en los puntos débiles.** La mayoría de los emprendedores tiene que enfocarse en desarrollar sus fortalezas y mejorar sus puntos débiles.

4. Comenzar por lo más importante.
Las personas efectivas tienen este atributo porque aprenden a hacer las cosas importantes ante que nada y dicen "no" a las tareas que no generen impacto a la organización o a su emprendimiento.

5. Tomar las mejores decisiones.
Un buen emprendedor no es aquel que toma muchas decisiones, sino las verdaderamente importantes.

Los cambios motivados por la constante transformación digital igualmente han servido para abrir espacio a las mujeres, en áreas que por siglos estuvieron reservadas para los hombres. Con el tiempo, las mujeres han demostrado sus fortalezas y capacidades que -en muchos casos- han logrado superar a los hombres.

El ejemplo de la mujer emprendedora es también mucho más inspirador, porque a la mayoría les toca ser empresarias, madres, esposas, amas de casa y estar al frente de múltiples tareas. La orientación de logro es igualmente un atributo de las mujeres emprendedoras, quienes pueden ser tan innovadoras y creativas como los hombres.

No por ser mujeres son intolerantes al riesgo. Al contrario, el aplomo de muchas emprendedoras es lo que las lleva a lograr sus sueños porque están convencidas de que los pueden alcanzar. Otro aspecto a resaltar en las mujeres emprendedoras es su capacidad de autonomía e independencia, porque han entendido que es mucho lo que pueden hacer por sus propios medios.

Lo anterior es muestra de que el emprendimiento está abierto a quienes deseen ser parte de este camino, cuenten con financiamiento o no, sean independientes, colaboradores, quienes tengan un equipo, quienes trabajen para conseguirlo, pero sobre todo para quienes movidos por la pasión y el **deseo de hacer algo nuevo,** quieran sumarse al emprendimiento, un área que no tiene reservas porque acoge a profesionales y a aquellos que tras años de oficio aprenden a generar productos o servicios completamente novedosos.

Para Mark Zuckerberg, fundador de Facebook, la red social más usada del mundo -que supera los 1.300 millones de usuarios- **la pasión se encarga de hacer** posible todo aquello que un emprendedor desea lograr.

> "Si trabajas en algo que te gusta y te apasiona no necesitas tener un plan maestro de cómo hacer las cosas, sucederán".

Frase de Mark Zuckerberg

Zuckerberg comenzó a desarrollar esta red social en su dormitorio de la Universidad Harvard hace más de 14 años y lo que empezó como un proyecto de perfiles para alumnos de esta universidad, se convirtió en la red más popular, tendencia que se mantiene en la actualidad.

Este estadounidense, perteneciente a la generación de los millennials, expone varias lecciones para quienes como él estén decididos a triunfar. En principio, dice, hay que seguir la misión y enfocarse en los consumidores. Además, Facebook trabajó y continúa trabajando en su ideología de **"crear un mundo más conectado"**. Bajo ese lema, ha logrado reunir –más allá de las barreras geográficas- a gran parte del mundo que ahora forma parte de una gran comunidad virtual.

La autenticidad es otra de sus lecciones, así como ser humilde. Muchos de los colaboradores aseguran que

Zuckerberg era pésimo como director al principio, porque se mostraba un poco arrogante, actitud que cambió notablemente y que le sirvió para crecer como empresario.

Otra de sus lecciones para los emprendedores es que primero se debe trabajar en conquistar usuarios para luego convertirlos en potenciales clientes. Por eso, es necesario ser pacientes y trabajar en este objetivo.

En el contexto de la Gestión del Cambio, Facebook aplica la siguiente frase: "mejor hecho que perfecto", con lo cual hace referencia a la manera de actuar de esta empresa, dedicada constantemente a grandes cambios, lo que es positivo para la innovación y el dinamismo, claves para el emprendimiento. Para Zuckerberg hay que entender el mercado y tomar riesgos. En sus propias palabras "el mayor riesgo es no correr ningún riesgo".

En sus lecciones, también expone la necesidad de saber elegir a los mentores, porque todo emprendedor tiene mucho que aprender de los demás. Steve Jobs fue uno de los mentores de Zuckerberg.

En su libro *Steve Jobs*, Walter Isaacson ofrece detalles sobre la vida del gurú tecnológico y hace referencia a su admiración por Zuckerberg, de quien valoraba su carácter y determinación.

Ambos mantenían una buena relación y tras la muerte de Jobs en el año 2011, Zuckerberg expresó:

> "Steve, gracias por ser un mentor y un amigo. Gracias por mostrar que lo que construyes puede cambiar el mundo. Te echaré de menos".

Por último y, como parte de sus lecciones, Zuckerberg habla de la importancia de dejar una huella como emprendedor.

Capacidad de adaptación

Para la mayoría de los expertos no es posible referirse al término emprendedor sin incluir otros términos como cambio, creatividad e innovación, puesto que este debe estar atento a las transformaciones de su entorno para adaptarse.

Un emprendedor tiene que estar dispuesto a recibir los cambios de la mejor manera y a crecerse a partir de los mismos. Un emprendedor debe estar preparado para asumir todo lo nuevo como una gran oportunidad que permite sacar provecho a sus ideas y, por eso, debe renovarse para adaptarse al ritmo de la creciente transformación. En este punto, la Gestión del Cambio tiene un rol importante para acompañarlos en todo el proceso.

Sin embargo, el factor humano es quizá el aspecto de mayor trascendencia, puesto que se puede ser emprendedor al inicio de un proyecto, cuando está en su máxima etapa de desarrollo o cuando se encuentra en decadencia, a medida que se trabaja para mejorar ese proyecto o para cambiarlo completamente, puesto que será el propio individuo quien decidirá qué rol tendrá durante este proceso.

Sobre esto, Karl Vesper, conocido como pionero norteamericano en el campo de la educación, investigación y emprendimiento, clasifica a los emprendedores como: **Científicos**, quienes descubren cómo se hacen cosas. **Inventores**, que se encargan de hacer mejoras y crean empresas para explotar sus inventos. **Iniciadores,** quienes pueden no hacer descubrimientos y tampoco invenciones, pero trabajan con buenos equipos que permiten fundar grandes empresas. **Los iniciadores en series**, que comienzan varios proyectos de manera paralela. Y los **corredores**, aquellos que parten de iniciativas empresariales, que se relacionan mucho con el emprendedor gerente.

Precisamente, mucho autores explican la diferencia entre el emprendedor que se dedica a trabajar en su propia idea y el emprendedor que trabaja para una organización. De este último hay gran cantidad de historias que son completamente motivadoras, porque han permitido establecer grandes empresas que, en algunos casos, han superado a las que sirvieron como puente para su consolidación.

Como ejemplo, podemos mencionar a los ingenieros químicos que durante su estadía en empresas adquirieron la experiencia necesaria para generar productos. En el caso de una empresa de productos de higiene personal, son muchos los ingenieros químicos que tomaron en cuenta todos los materiales utilizados para crear nuevas pastas dentales, jabones, antitranspirantes, líneas de champú, cremas corporales, su propia línea de cosmético y perfumes. Están, además, los ingenieros químicos especializados en alimentos, quienes han decidido trabajar en su propia empresa.

También hay casos de ingenieros informáticos que han hecho lo mismo y esto les ha permitido ampliar sus ideas. Como estos, los médicos que deciden crear un consultorio propio; los odontólogos, el contador, el abogado que abre su propio buffet, el periodista que trabajó en un medio digital y decidió crear su propia página web, así como igualmente han cultivado sus emprendimientos aquellos colaboradores sin ninguna profesión, pero no por eso menos exitosos. En este punto, podemos destacar el caso de campesinos que tras años de trabajo en una hacienda, deciden -poco a poco- crear su propio fundo para convertirse en ganaderos y agricultores. También el ejemplo de la colaboradora de una peluquería que después de años de servicio decidió abrir su propio salón de belleza.

Los anteriores se diferencian de los emprendedores que, desde un principio, deciden cultivar una idea por sus propios medios. De estos -en los últimos años- hemos visto más, ya que la época digital ha sido punta lanza para que muchos -sobre todo jóvenes- desarrollen su independencia en términos laborales, lo cual es completamente positivo y es una tendencia que crecerá a medida que se generen más espacios que puedan ser aprovechados por los emprendedores, sean independientes o no.

Estos dos tipos de emprendedores han tenido que trabajar para lograr sus objetivos y, en ambos, **la Gestión del Cambio juega un rol protagónico**, puesto que se trata de un proceso ineludible para todo aquel que decida emprender. Los primeros deciden salir de su zona de confort para ampliar sus horizontes, un camino que seguramente no será nada fácil y que conlleva cambios. De igual forma, los segundos pasan a ser parte de todo un sistema de transformaciones. Será la capacidad de gerenciar el cambio, ya sea en una organización o en una empresa propia, lo que consolidará a un verdadero emprendedor.

Así como existen cualquier cantidad de ejemplos cotidianos, son muchos los reconocidos emprendedores que

-gracias a su éxito- sirven de inspiración. A continuación, mostramos algunos de ellos:

* **Steve Job,** de quien hemos hablado a lo largo de estos capítulos, decía que "si miras de cerca, verás que la mayoría de las historias de éxito 'inmediato' tomaron mucho tiempo". Y tenía mucha razón, porque la paciencia es una de las virtudes que debe tener todo emprendedor.

* **Warren Buffet,** empresario estadounidense y presidente y CEO de Berkshire Hathaway, aseguró en una oportunidad que "toma 20 años crear una reputación y cinco minutos arruinarla. Si piensas de esa manera, harás las cosas diferente". Un aspecto que también deben tener en cuenta los emprendedores.

* **Bill Gates,** empresario estadounidense y cofundador de Microsoft, dijo que "tus clientes más insatisfechos son tu mejor fuente de aprendizaje", información que es completamente útil para los emprendedores. Respecto a las caídas que en el camino tendrá todo emprendedor, Gates fue muy claro "está bien celebrar el éxito pero es más importante prestar atención a las lecciones

del fracaso". A juicio de Gates "habrá dos tipos de negocios en el siglo XXI: aquellos que estén en el Internet y aquellos que ya no existan".

✸ **Larry Page,** empresario norteamericano y cofundador de Google manifestó en una oportunidad que "no necesitas tener una empresa de 100 personas para desarrollar esa idea". Así que no contar con una cantidad suficiente de personal no debe ser limitación para empezar a trabajar.

Lo anterior permite ver que la mayoría de los emprendedores están ligados al área tecnológica y que su éxito ha venido de la mano de poder conocer las preferencias de los consumidores, esos que a diario buscan adquirir mejores productos y servicios. Y que al contar con una gran herramienta como lo es Internet tienen las posibilidades de conocer nuevas marcas que siempre buscan generar innovación.

En la era digital es tan sencillo perder clientes como ganarlos. Dar a conocer lo que se hace y tener una buena estrategia de comunicación permitirá mantener clientes que sean leales.

Consejos para un emprendedor

Tener objetivos claros, contar con un plan para lograrlos, hacer algo innovador, creer en la idea de ser emprendedor, tener conocimiento de cómo ser uno, estar preparados para el triunfo y también para las caídas, no detenerse por falta de inversión, contar con un buen equipo, saber transmitir pasión por lo que se hace y pensar en grande, son parte de los consejos de la mayoría de los emprendedores consolidados. De todos esos emprendedores, queremos destacar nueve recomendaciones de Reid Hoffman, empresario estadounidense y cofundador de la red social Linkedin.

1. **Hoffman habla de la importancia de trabajar en una idea que sea completamente nueva, esto pasa por dejarle claro al público que se trata de un emprendimiento que llegó para facilitarles la vida y que fue pensado para ellos. "Trata de hacer un cambio que sea realmente innovador, que genere un quiebre a lo que existía antes, y en lo posible**

que sea muy masivo, tal como el caso de Skype o de Paypal".

2. Es vital el trabajo en equipo para alcanzar los objetivos propuestos. Aplica para el emprendedor que trabaja en su propio proyecto y para aquellos que forman parte de una organización. "No importa cuán brillante sea tu mente o estrategia, si estás jugando solo, siempre perderás ante un equipo", asegura.

3. Sostiene, además, que todos podemos ser emprendedores y que cuando realmente se trabaja en algo apasionante, siempre existirá una solución ante las circunstancias más adversas. "Todos los humanos son emprendedores, no porque todos ellos deben crear empresas, sino porque la voluntad de crear está codificada en el ADN humano".

4. Para Hoffman es fundamental pensar en grande porque eso es

mucho más motivador. "Ponte un objetivo grande. Se gasta la misma cantidad de sangre, sudor y lágrimas si creas una pequeña empresa o una grande. Por eso siempre es mejor pensar en generar cambios grandes a nivel mundial".

5. Tener clara la importancia de estar preparado para adaptar el producto o servicio a las circunstancias. "Haz una lista de las cosas buenas y malas del proyecto y conócelo a fondo".

6. Según este empresario también hay que empezar a trabajar lo antes posible en esa idea que se tiene, para madurarla y corregir los errores. Una vez ideado el proyecto, hay que implementarlo. Entre más rápido se encuentren los errores, más fácil será corregirlos.

7. No tener miedo a las caídas es una máxima para todo emprendedor. "Vuela alto y no temas caerte".

8. Mostrar el emprendimiento es necesario para que el cliente lo conozca, un punto en el que las plataformas digitales tienen un papel importante. "Una buena idea para un emprendimiento es importante, sin embargo, lo más importante es saber cómo darla a conocer".

9. Hoffman asegura que los emprendedores deben deshacerse del status quo para ir más allá de lo establecido. "Algunas reglas fueron hechas para romperse", afirma.

Tomando como referencia el consejo de Hoffman, un emprendedor no debe conformarse con el *statu quo*, sino ir más allá de este para que su idea sea completamente nueva y pueda hacerse un camino, en el que se necesitará de las herramientas digitales para su consolidación.

Algún rasgo novedoso marcará tendencia, siempre que responda a lo que desean los consumidores.

¿Cuántos emprendedores no trabajan en un proyecto parecido en diferentes ciudades y países?

¿Cuántos de ellos han logrado el éxito?

Muchos de estos han mantenido y mantienen sus empresas en el tiempo porque trabajan en un mismo servicio y producto, pero lo han adaptado a cada una de las realidades de los consumidores. Incluso, cuando no se trata de diferentes proyectos de emprendimiento, un empresario que cuenta con una línea de tiendas en diferentes países, tendrá que acoplarse a los clientes, quienes tendrán demandas muy diversas.

Este empresario también hace énfasis en el tema de las caídas. Porque es un aspecto que -podemos decir- forma parte de la vida y al que somos muy temerosos. Nadie quisiera caerse, es cierto, pero si no fuera por esos momentos no seríamos capaces de un sinfín de proyectos y de ideas que hoy permiten hacer de los consumidores seres mucho más satisfechos que años atrás. Sabemos que todo triunfo es inspirador y las pérdidas igualmente pueden llegar a serlo, si somos capaces de tomar de ellas lo mejor. Un error que ha costado mucho y del que fue difícil reponerse, seguramente enseñará más que cualquier triunfo por grande que sea. Es así como debe verlo un emprendedor.

Es de emprendedores caerse y volver a levantarse.

No hay que amilanarse ante esas pérdidas, porque el tiempo demostrará que fueron fructíferas.

Volviendo al ejemplo de la película biográfica de Jobs, del director Danny Boyle, observamos que Jobs debió enfrentarse a muchos "no" y, sin embargo, no desmayó. En el transcurso de este film vemos a un Jobs seguro de lo que quería lograr y estaba completamente enfocado en eso. Las negativas no impidieron sus objetivos que lo llevaron a ser uno de los hombres más influyentes de todos los tiempos.

Otros aspectos en los que el emprendimiento ha cambiado es la manera de cómo se presenta a los consumidores. Anteriormente todo lo que era capaz de mover emociones estaba reservado para otras áreas. Luego el Marketing permitió ver que era necesario trabajar en estas y así fue como nació el Marketing Emocional. Mover sentimientos y emociones para poder ofrecer mejores productos y servicios al consumidor es hoy una regla.

Tener conocimiento de esto es indispensable porque así como han evolucionado las plataformas digitales, la venta de productos también ha experimentado diferentes etapas y estamos en una en la que es vital conocer las necesidades de los consumidores para satisfacerlas. Expertos aseguran que actualmente ya no se venden productos sino que el cliente compra emociones. Por eso, el

Marketing Emocional se encarga de examinar las emociones del cliente para crearlas y ofrecerlas. Para ello, busca llegar a la mente del consumidor y poder conquistarlo. Es como cuando estamos en la fase de conquista de una persona, una de las mejores etapas del enamoramiento. En el Marketing ocurre igual. Si un emprendedor no sabe enamorar a su cliente, no podrá conquistarlo. Así de sencillo.

¿Pero puede un emprendedor enamorar a sus posibles clientes si no está él convencido de su idea?

La verdad es que no podrá, porque primero debe estar seguro de lo que quiere para poder avanzar y, a partir de su pasión, enamorar a otros. Muchos expertos en Marketing Emocional aseguran que los productos del futuro se encargarán de mover nuestros sentimientos y no a nuestras mentes.

Un producto o servicio que pueda proporcionar placer y bienestar en el consumidor hará la diferencia y este es un tema que deben manejar los emprendedores si quieren llegar a consolidar su proyecto. Desde la creación de un nuevo labial, hasta una empresa dedicada a ofrecer servicios de construcción, todas tienen que adaptarse a la era de transformación digital y aplicar las estrategias del

Marketing Emocional para que su marca pueda mantenerse en el tiempo.

Hay que recordar que a la par de una empresa que acaba de nacer se generarán otras que serán capaces de añadir elementos a partir de lo que buscan los consumidores. Un emprendedor de esta época tiene que saber andar en este camino que cada vez es más competitivo y que, al mismo tiempo, ofrece un camino infinito de oportunidades para todo tipo de emprendedores.

Los sentimientos tienen gran influencia en los consumidores y los grandes emprendedores lo saben. No es casualidad que muchos de ellos, aun siendo ingenieros y economistas, entre otros, usen la palabra para inspirar a sus clientes y también a sus seguidores. La mayoría de ellos seguramente no contaban con el poder de la oralidad, pero entendieron que era necesario crecer en ese aspecto y, la mayoría, la utiliza para motivarnos a emprender a través de frases que son completamente inspiradoras.

Esto quiere decir que el tema emocional no solamente está reservado a los productos y servicios, sino que se debe reflejar en todo el proyecto, incluso en quien protagonizó ese emprendimiento. Steve Jobs es uno de los grandes emprendedores que logró no solo que el público se enamorara de sus productos electrónicos, sino también de lo que él representaba. Esto permitió que Jobs se convirtiera en un gran empresario, cuyas huellas en el área de la informática y en la vida cotidiana están muy vigentes.

Lo mismo pasó con Zidane, cuyo ejemplo destacamos en el apartado anterior, quien con sus palabras inspiró a generaciones del mundo a creer en la pasión por el fútbol y, más que eso, en el Real Madrid. Pero enseñó, además, que nadie es imprescindible porque esa visión es limitada y genera daños a las organizaciones, a nuestro talento y atenta contra nuestra capacidad de aprendizaje, que sabemos debe ser constante.

Desde el fútbol, Zidane mostró igualmente que todo proyecto tiene un principio y un final, y que comenzar un proyecto es un camino difícil, pero terminarlo lo es aún más. Esa fue la lección tras su renuncia como director técnico, un aspecto que dependerá del área en la que se desarrolle el emprendimiento. Es fundamental tener esto en consideración porque en tiempos de transformación digital es mucho lo que pasa a diario y saber llevar nuestro proyecto será indispensable para su permanencia.

Conocer las historias de Jobs, Zidane, Zuckerberg es importante para aplicar sus lecciones, sus consejos y recomendaciones, pero de igual forma podemos nutrirnos de los emprendedores que tenemos a nuestro alrededor y que pueden servirnos de aliento en esos momentos en los que sintamos que todo puede estar perdido. Hay que tener en cuenta que un emprendedor puede caerse mil veces y al levantarse se encontrará con no menos de diez mil razones para continuar con su idea y hacerla totalmente productiva. **Lo dice la historia, lo dicen quienes tienen un camino andado como emprendedores.**

9

Miedo al cambio

**Ego sum, qui sum.
(Yo soy el que soy)**

Hablar respecto del miedo, desde la tribuna, como un ejercicio académico tomando perspectiva desde la distancia no ofrece mayor dificultad; hacerlo respecto de nuestros propios temores, con la sensación a flor de piel, es una cosa totalmente distinta.

El miedo es una emoción y como tal, la manifestamos todos los seres humanos, en todas las culturas, a cualquier edad; es más todos los mamíferos son capaces de sentir el miedo como parte de sus mecanismos de defensa y supervivencia; razón por la cual debiéramos preguntarnos entonces **¿para qué sirve esa emoción?, ¿qué ocurriría si no tuviésemos miedo a nada, ni nadie?, ¿cómo nos desenvolveríamos?;** según la sicología, al igual que la alegría, la sorpresa, la ira, la tristeza, el asco, el miedo es una de la emociones básicas o primarias,. Pero a diferencia de otras emociones que nos gratifican el miedo es una emoción que suele ser desagradable, nos incomoda, nos hace sentir mal.

Si de la noche a la mañana nos volviésemos absolutamente temerarios, es decir, actuásemos sin ningún tipo de temor; probablemente terminaríamos por dejar de existir a los pocos días pues, nos guste o no, la emoción del miedo cumple una labor importantísima, cual es la supervivencia.

En otras palabras, ninguno de nosotros podría sobrevivir sin la existencia del miedo, ya que se trata de un mecanismo adaptivo respecto del entorno, el cual trae consigo mismo una serie de amenazas y riesgos para nuestra vida.

En esa **dinámica el miedo** actúa como un mecanismo que nos permite reaccionar rápidamente frente a esas situaciones de peligro para ponernos a salvo, para protegernos; considere por ejemplo cruzar una calle, conducir un vehículo, invertir sus ahorros, etc., sin considerar precaución alguna. Seguramente no estaríamos dispuestos a incurrir en ese ejercicio. Sin embargo, debemos ser capaces también de distinguir el miedo que nos mueve y nos protege de los eventuales peligros a enfrentar, de aquel miedo que nos paraliza y que como consecuencia termina por hacernos sucumbir.

El **primero** corresponde a una emoción de carácter funcional que desencadena fuertes dosis de adrenalina en nuestro torrente sanguíneo, las que a su vez preparan nuestros músculos y sentidos para reaccionar ante el peligro, mientras que el **segundo** se transforma en una condición patológica que nos inmoviliza, nos inhibe y que en muchos casos requiere ser tratado con terapia para lograr superarse.

Naturalmente todos evaluamos el riesgo de manera distinta, lo hacemos regularmente conforme a las propias capacidades, conforme también al conocimiento que de ellas poseamos, así por ejemplo un bombero reaccionará de manera distinta frente al fuego de lo que pudiera hacerlo una persona cualesquiera, principalmente en razón de su entrenamiento, de sus competencias y de su vocación de servicio.

De igual modo un paracaidista o un limpiador de vidrios en altura, manejarán el vértigo de forma distinta a la mayoría de las personas. Así también un minero podrá manejar la sensación de encierro o el temor a la obscuridad con mayor facilidad de la que cualquier otra persona podría hacerlo.

En razón de esto, debemos aclarar que el miedo no solo es una emoción que nos permite reaccionar frente a determinadas amenazas, sino que nos permite reaccionar, en conformidad a nuestros **modelos mentales**, es decir, a nuestros patrones de creencias y limitaciones; en otras palabras nuestras respuestas estarán condicionadas a nuestras creencias, a los límites que nos hayamos puesto y a aquellas cosas que damos por ciertas o verdaderas sin cuestionarnos ya que se encuentran incorporadas en nuestra formación primara como personas, aquella que hemos heredado de nuestro núcleo familiar; mientras mantengamos dichas creencias, nuestra respuesta no tendrá variación alguna, y en consecuencia no podremos cambiar.

Así el miedo al cambio se traduce en que con mucha frecuencia es posible escuchar aquella frase de **"uno es como es"** o **"yo soy así"** y tras este pensamiento escudarse para no cambiar y, como consecuencia, ni siquiera intentar nada por conseguir ese cambio con la esperanza de que todo permanezca inmutable; nada más lejos de la realidad; en un entorno en permanente mutación cada vez que dejamos pasar la oportunidad de cambiar por nosotros mismos, somos finalmente obligados a hacerlo por las propias circunstancias o porque otros han tomado la decisión por nosotros. Lo cierto es que el simple deseo de no esforzarse, prefiriendo la comodidad de conformarse con lo que uno tiene, y por supuesto ahorrándonos cualquier tipo de esfuerzo para el cambio, no llegará a confirmar la teoría de todos aquellos que dicen "yo soy así, y no voy a cambiar", por el contrario la mayoría de las veces deberemos enfrentar el cambio de manera abrupta y dolorosa.

¿Dónde radica entonces el miedo al cambio?

En primer lugar en la incertidumbre, como ninguno de nosotros es poseedor de una bola de cristal que le permita vislumbrar o predecir el futuro, sino que estamos permanentemente expuestos a las probabilidades de ocurrencia o no, de aquello que queremos o necesitamos que ocurra; en segundo lugar, como consecuencia de esa incertidumbre quedamos expuestos a que el resultado sea positivo o negativo respecto de lo esperado, es decir, es una condición que nos enfrenta a la posibilidad del fracaso, y como en general hemos sido educados dentro de los parámetros de una sociedad exitista, no somos capaces de ver el fracaso como una oportunidad de aprendizaje y mejora, sino simplemente lo observamos como una instancia negativa o de pérdida y por lo tanto, tratamos permanentemente de evitarla.

En esta línea de análisis, invariablemente, llegaremos a la conclusión que **el miedo al cambio no es una condición natural,** sino más bien adquirida que pretende resguardarnos del peligro o el fracaso; al cual rehuimos como señalamos anteriormente, producto de nuestra formación o, en una lógica economicista, que pretende evitarnos la realización del esfuerzo necesario, para salir del *status quo* sin garantías de éxito. La pregunta que surge a continuación es ¿cómo vencemos ese miedo al cambio? Y la respuesta, a pesar de la obviedad, no es sencilla ya que depende de múltiples factores y puede llegar a ser distinta en cada caso, según quien sea deba enfrentarla; sin embargo, creemos que es posible abordarla mediante la exploración de alguna o todas las siguientes opciones:

Toma de decisiones

La incertidumbre se mantendrá mientras no resolvamos el qué hacer, una vez definido aquello simplemente deberemos lidiar con las consecuencias de la decisión, sabemos que esa decisión puede adolecer de muchas cosas, no tiene que ser perfecta, pero en lugar de estresarnos por ello debemos estar conscientes que cualquiera sea el resultado cuando menos habremos iniciado el camino a la solución y en última instancia, siempre podremos dar marcha atrás y recomenzar.

Vive el presente

Es increíble cuántas de nuestras decisiones han sido marcadas por las experiencias previas, como en la búsqueda de certezas terminamos repitiendo patrones de conducta y decidiendo de la misma manera cómo hemos resuelto en ocasiones anteriores; muchas veces incluso cometiendo los mismos errores que en el pasado. Atrévete a vivir cada experiencia desde su singularidad, entendiendo que es única e irrepetible, que por mucho que se parezca a otras situaciones vividas con anterioridad, esta es una nueva experiencia que debemos vivenciar en el presente y desde la cual, con toda seguridad haremos un nuevo aprendizaje.

Deja de esperar

El horno nunca estará para bollos, todo tiempo pasado fue mejor y el futuro no se conoce; hagas lo que hagas y dejes de hacer lo que dejes, solamente puede ser cambiado si tomas acción y dejas la espera; muchas personas se pasan la vida esperando mejores condiciones para hacer lo que quisieran pues temen equivocarse y al hacerlo, lo único que consiguen es equivocarse. Por lo que, si te equivocaras irremediablemente, hazlo ahora, hazlo ya, deja de esperar y ponte en acción. Cuando te equivoques habrás conseguido dos cosas, salir de tu condición inicial y por tanto ya no existirá incertidumbre, y además habrás conseguido una nueva lección mediante la cual podrás continuar creciendo.

Acepta el fracaso y los errores como parte de la vida

Muchas de las personas que más admiramos y reconocemos como ejemplos a seguir, lograron su cometido aceptando que se equivocaban y que cometían errores continuamente, pero que adicionalmente comprendieron que en esos errores radicaba la oportunidad de realizar un aprendizaje y por ende el crecimiento. Walt Disney por ejemplo fue considerado falto de creatividad en sus primeros trabajos y terminó creando todo un mundo de fantasía y a partir de este un lucrativo negocio. Steven Jobs fue despedido de la empresa que él mismo había fundado y logró posteriormente su reincorporación desarrollando nuevos productos y nuevas alianzas.

Persevera

Si tienes una idea, un propósito, un plan; mantenlo con claridad en tu mente, que sea tu afán, tu guía, como un faro en la tormenta; seguramente ya habrás escuchado eso de "los problemas son todas aquellas cosas que aparecen cuando perdemos de vista el objetivo", pues bien recuerda entonces también que los sueños se esfuman, se pierden, cada mañana cuando despiertas; tienes un sueño, transfórmalo en un plan, tienes un plan ejecútalo, te equivocaste, reinicia. Vuelve a comenzar, tienes ahora más experiencia, sabes más, no te volverás a equivocar en lo mismo.

En última instancia entonces, deberemos recordar que el miedo es una herramienta y como tal tenemos que utilizarla sabiamente aprendiendo a controlar nuestras reacciones frente a esta emoción. Evitar que el miedo se constituya en una fuerza que nos paralice, dejándonos indemnes, inmóviles frente al peligro o a las condiciones que nos generan dicha emoción; por duro que nos parezca precisamos reaccionar, es decir, tomar un curso de acción que nos movilice ya que solamente de esa forma lograremos sacar el mejor partido a esta herramienta que es lo aquello que naturalmente debiera ocurrirnos.

Imagine por ejemplo el siguiente escenario, en un día cualquiera realizando su actividad como recolector un **homo sapiens** se aleja del grupo de recolectores y sorpresivamente se ve enfrentado a un gran dinosaurio, probablemente si este recolector se paralizara por el miedo, sucumbiría entre las fauces de ese animal; en cambio, si movido por el miedo hubiera tomado acción, se movilizaría hacia un lugar seguro resguardando su integridad, es incluso probable que descubriera nuevas formas de escapar, si por ejemplo huyendo inadvertidamente ingresara o cruzara por primera vez a un cauce de agua; una vez alcanzada la otra orilla seguramente recién comenzaría a entender que necesita volver a ingresar al agua para volver junto a su grupo, pero esta vez lo haría conscientemente y sabiendo que es capaz de hacerlo; el miedo entonces habría actuado como un detonador de una nueva capacidad, de una nueva competencia en razón de haber tomado una acción movilizadora.

De similar manera, cada uno de nosotros puede desarrollar nuevas competencias y habilidades en la medida de que tomamos conciencia frente al miedo y nos movilizamos en función de resolver aquella condición que nos genera esa emoción, si bien es cierto que somos aquello que somos, también es cierto que aquello puede ser mutado por las circunstancias a las cuales nos vemos enfrentados, pero sobre todo respecto de aquellas en las cuales optamos por tomar una acción, en otras palabras somos lo que hemos decidido ser y ello puede cambiar tantas veces como sea necesario, tantas veces como cada uno de nosotros lo requiera para su propio desarrollo y crecimiento en el ámbito que precise o desee hacerlo.

Recuerda, **toma decisiones**, la inmovilidad te lleva a sucumbir; **vive el presente**, todos los días, todas las experiencias son únicas, vívelas como son originales, irrepetibles; **deja de esperar**, no hay un momento perfecto, el mundo, nuestra vida es imperfecta, acéptalo tal como viene; **acepta el fracaso y los errores de la vida**, son la mejor manera de aprender; **persevera**, mientras tengas fuerza, mientras tengas vida, la única gran equivocación es creer que podemos lograr el éxito sin equivocarnos, sin errores, sin tropiezos; equivócate, acéptalo y sigue adelante.

10
Resistencia al cambio

"Cuando soplan vientos de cambio algunos construyen muros, otros construyen molinos".

Proverbio chino.

Del mismo modo en que las personas requieren enfrentar el miedo al cambio, las organizaciones precisarán vencer la resistencia si pretenden alcanzar sus objetivos; esto cobra particular importancia en un mundo globalizado, donde el dinamismo de los mercados y del entorno en general, propone desafíos cada vez mayores a los gerentes, propietarios o administradores quienes no pueden quedarse inmóviles frente a estas nuevas demandas del entorno.

La premisa básica para lograr mantener su negocio es adaptación, misma que debe ser resuelta de manera rápida y eficiente para garantizar no sólo la supervivencia, sino la competitividad de la organización.

En ese escenario se requiere que la organización cuente con una plataforma que le permita hacer frente a demandas cambiantes del entorno, pero que a su vez, le permita gestionar internamente dichos cambios en la empresa o negocio.

Surge allí el primer inconveniente, los colaboradores no siempre están dispuestos a seguir el ritmo que precisamos y debemos enfrentar la denominada resistencia al cambio.

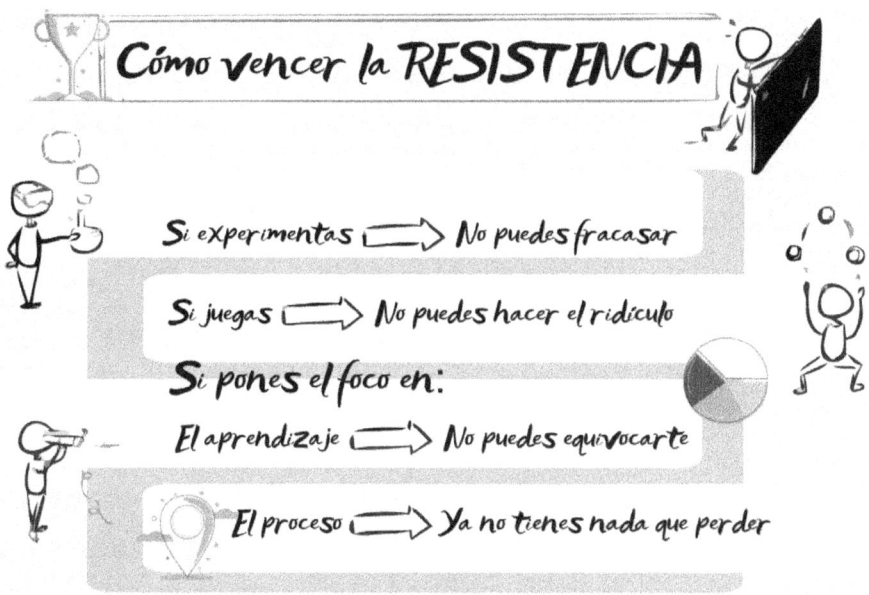

Cualquier esfuerzo para obtener cambio organizacional (incluso si este pretende favorecer directamente a los trabajadores) encontrará resistencia (Schein, 1988 citado en Labianca, Gray y Brass, 2000); este pareciera ser el paradigma que se encuentra instalado actualmente en las organizaciones y contra el cual sus administradores deberán realizar sus esfuerzos; para lograrlo, no obstante, se deben comprender las razones que provocan esa resistencia.

Resistencia al cambio organizacional

De manera espontánea y casi sin motivo aparente todos los seres humanos nos resistimos al cambio, no por maldad o simple desidia sino porque sentimos aversión a la incertidumbre que el cambio nos genera; en su obra *Taking Charge of Change*, Douglas Smith (1997) comenta:

> "La ignorancia sobre la íntima naturaleza de nuestra resistencia a cambiar es lo que mata el cambio, y no la resistencia en sí misma".

Para prevenirnos sobre la naturaleza de la resistencia organizacional y de la necesidad de conocer las causas que la originan, a efecto de ser más eficientes en su resolución y tratamiento.

Según Acosta (2002) los autores señalan que la resistencia al cambio puede provenir de dos fuentes, la fuente individual, que se relaciona con los hábitos personales, la necesidad de seguridad u otros, o la fuente organizacional, que se relaciona con características de la organización que tienden a la inercia o la sensación de amenaza a los recursos disponibles.

En otras palabras, la resistencia al cambio desde una perspectiva individual estaría fundada en los modelos mentales y creencias limitantes de cada persona, mientras que desde la perspectiva organizacional se ocasionaría por la tendencia organizacional a mantener el *status quo* por una parte, o la natural competencia por recursos que existe entre las diferentes áreas funcionales o proyectos que posea la organización.

No obstante lo anterior, existen tres elementos comunes que provocan la resistencia, tanto a nivel individual como organizacional:

- ✳ La falta de comunicación sobre el proyecto de cambio – **No saber o conocer.**
- ✳ La visión demasiado parcializada del cambio – **No poder.**
- ✳ La escasa voluntad de cambio – **No querer.**

Estos tres elementos son jerarquizados piramidalmente para medir su impacto en cuanto a la resistencia, tal como se demuestra en la figura siguiente, mismos que se relacionan a su vez con el nivel de conocimiento, capacidad y deseo que exhibe quien se encuentra en una situación de resistencia al cambio.

En numerosas ocasiones las personas juzgan negativamente al cambio exclusivamente por lo que sucede en su ámbito de influencia o entorno inmediato (su grupo de trabajo, su sector, su gerencia, su familia, etc.), sin considerar los beneficios globales que obtienen, principalmente por ignorancia o falta de comunicación de dichos beneficios o consecuencias de aquellos cambios. En términos simples, se resisten a los cambios **por no saber o conocer.**

Por otra parte, si las personas tienen suficiente información sobre el cambio, pueden ofrecer cierta resistencia simplemente porque perciben que **no pueden cambiar.** Sucede que se sienten condicionadas por la organización, no saben cómo hacer lo que deben hacer o no tienen las habilidades requeridas por la nueva situación. Esta sensación de incapacidad provoca cierta inmovilidad que es percibida como resistencia a cambiar. Algunos factores que contribuyen a esto son:

- **El tipo de cultura organizacional que castiga excesivamente el error;**
- **la falta de capacidad individual, que limita el accionar concreto;**

* las dificultades para el trabajo en equipo, necesario para revisar todo el esquema de interacciones que propone el cambio;

* la percepción de la falta de recursos, ya sea en medios económicos o humanos;

* la sensación de que el verdadero cambio no puede producirse. Los agentes del cambio perciben que están atados de pies y manos para encarar las iniciativas realmente necesarias.

Por último, si las personas conocen lo suficiente sobre el cambio a encarar y se sienten capaces de realizarlo, empieza a tener mucha importancia la verdadera voluntad o deseo de cambiar. En especial cuando ya **no quieren cambiar.**

En algunos casos, el cambio despierta sentimientos negativos en las personas y estas sencillamente no quieren cambiar; ya que consideran que no les conviene o que las obliga a moverse fuera de su zona de comodidad. Estas reacciones pueden partir de sentimientos tales como:

* El desacuerdo. Los individuos pueden estar simplemente en desacuerdo en cuanto a las premisas o los razonamientos sobre los que se sustenta el cambio. En algunos casos basan sus juicios en modelos mentales muy cerrados o tienen dificultades para abandonar hábitos muy arraigados;

* la incertidumbre. Los efectos del nuevo sistema no son totalmente predecibles y esto genera temor por falta de confianza en sus resultados;

* la pérdida de identidad. A veces, las personas edifican su identidad sobre lo que hacen. En este marco de referencia, los cambios califican y ofenden. Aparecen las actitudes defensivas;

* la necesidad de trabajar más. Normalmente se percibe que deben encararse simultáneamente dos frentes distintos: el de

continuación de las viejas tareas y el de inicio de las nuevas rutinas.

En casi todos los cambios de gran magnitud aparecen de alguna forma y en alguna medida los sentimientos mencionados, pero también es cierto que también pueden aparecer algunos sentimientos positivos como: el entusiasmo por la posibilidad de un futuro mejor, la liberación de los problemas del viejo orden y las expectativas de crecimiento o consolidación personal, **¿qué es lo que producirá la diferencia?, ¿cómo lograr transformar esa resistencia en un incentivo a seguir avanzando?**

Principalmente, esa diferencia será lograda por un ejercicio idóneo de liderazgo, el que empodere a las personas, que las desafíe y las involucre, haciéndoles partícipes del cambio, protagonistas y responsables de los resultados en lugar de víctimas de las circunstancias.

Es un gran desafío naturalmente pues implica ser capaces de guiar, estimular, comprender y aceptar las diferencias que normalmente observamos en los equipos de trabajo; pero sin duda es el camino que toda gerencia, dirección o jefatura debiera adoptar si pretender realizar un proceso de cambio exitoso y perdurable en el tiempo.

11

Herramientas para vencer la resistencia al cambio

"Si la única herramienta que tienes es un martillo, todo lo que te rodea parece un clavo".

Abraham Maslow.

Rosabeth Moss Kanter, profesora de la Escuela de Negocios de Harvard mundialmente reconocida como experta en gestión, innovación y liderazgo. Es autora de libros como *Confidence* y *SuperCorp*; nos ofrece diez razones por las cuales las personas se resisten a los cambios organizacionales, y a la vez, nos plantea las correspondientes estrategias o herramientas para enfrentar dicha resistencia.

Pérdida de control

Reto: Cuando a una persona la apartas de un proceso con el que está familiarizada y la trasladas a otro del que sabe poco, experimenta un sentimiento de pérdida de control.

Estrategia: Involucrar a las personas en los procesos de toma de decisión, dejándoles incluso decidir por ellos mismos. Es esencial informarles adecuadamente de cuáles son sus opciones (incluso si son muy limitadas).

Los líderes deben anticiparse y prever qué miembros de su equipo son más propensos a oponerse a los cambios y decidir cómo ganárselos: explicar detalladamente los beneficios del cambio y el ROI (retorno de la inversión, en sus siglas en inglés) ayudará a que tomen conciencia de la necesidad de adoptarlo.

Excesiva incertidumbre personal

Reto: La primera pregunta que la mayor parte de la gente se hace ante un cambio es «¿Qué significa esto para mi trabajo?». Si no hay una respuesta clara, entonces nos enfrentamos a lo desconocido y eso nos produce ansiedad.

Estrategia: Además de explicar los beneficios, es importante aclarar las implicaciones del cambio tanto a nivel organizacional como personal. Esto incluye la difícil tarea de predecir cuánto tiempo va a durar el periodo de transición: en este caso, la honestidad es la mejor política.

Evitar sorpresas

Reto: A las personas les gusta tener la oportunidad de pensar en las implicaciones que el cambio tiene para ellos. Hacen estas suposiciones basándose en lo que conocen sobre la situación post-cambio.

Estrategia: Evitar introducir nuevas ideas o modificar aspectos una vez ya se ha explicado cómo va a ser, pues las sorpresas crearán escepticismo en los miembros del equipo.

El impacto de la diferencia

Reto: La gente construye su identidad alrededor de muchas facetas de su trabajo: su rol, su puesto, el edificio, el nombre corporativo... les da un sentimiento de pertenencia, casi como de tradición.

Estrategia: Los directivos solamente deberían cambiar lo indispensable, manteniendo los símbolos familiares en la medida en que sea posible para que los individuos "se reconozcan" dentro de la nueva situación.

Pérdida de vergüenza

Reto: A la gente no le gusta abandonar un puesto en el que es competente por otro en el que no lo es, lo cual puede ocurrir a menudo cuando se introducen los nuevos procesos, sistemas y formas de trabajar.

Estrategia: Los líderes de equipo pueden aliviar este problema reconociendo las competencias de las personas en el antiguo régimen y dejándoles participar activamente en el proceso de cambio. Un ejemplo de participación es definir de forma conjunta con cada miembro del equipo sus objetivos personales, cosa que generará en ellos compromiso hacia el proceso de transición al cambio. Nuestras actividades de team building van dirigidas en gran medida a generar confianza en el ambiente de trabajo.

Miedo a la incompetencia

Reto: Algunas personas creerán sinceramente que son incapaces de adoptar la nueva dinámica de trabajo, creyéndose esa conocida expresión que dice «¡No puedes enseñarle trucos nuevos a un perro viejo!». Dudarán de sus propias competencias y capacidades para desempeñar su trabajo en el nuevo orden.

Estrategia: La solución es proporcionarles la formación que necesitan para implementar el nuevo sistema, permitiéndoles hacer ensayos antes de que el cambio se despliegue para que puedan probarse a sí mismos su propia capacidad, creando mejores niveles de confianza.

Además, adicionalmente puede que esto incremente su deseo de cambiar, y potencie su responsabilidad personal hacia el desarrollo de su propia carrera.

Ondas

Reto: En este contexto, denominamos onda a cuando una acción tomada en un área concreta tiene efectos inesperados en otra área. Sería muy inocente por parte de los directivos pensar que el cambio planeado está libre de problemas, sobre todo porque algunas veces es imposible predecir acertadamente el efecto que un cambio tendrá en otra parte de la organización.

Estrategia: Durante la fase de planificación, se debe animar a los miembros del equipo a pensar de forma amplia y divergente, para considerar las posibilidades probables y también las improbables cuando traten de predecir los resultados. Esta forma de planificar catástrofes puede ayudar a minimizar el efecto onda.

Incremento de la carga de trabajo

Reto: El cambio a menudo implica más trabajo, y por eso los trabajadores lo temen. Así de claro.

Estrategia: Si esto resulta ser cierto en tu organización, es importante darle un reconocimiento público y, si es posible, recompensarlo. Cuando nos vemos obligados a hacer un esfuerzo extra, a todos nos gusta que nos premien, aunque sea con una palmadita en la espalda. No hay nada peor que esforzarse al máximo y luego ver que nada ocurre cuando llegas a la meta, ¿para eso tanto sacrificio?

Resentimientos pasados

Reto: Si el cambio propuesto está asociado con un individuo o una organización en particular con la que la persona ha tenido algún roce, se resistirá a adoptarlo.

Estrategia: ¡Comunicación! Es muy importante dejar que la persona exprese sus resentimientos para poder repararlos o eliminarlos.

Amenazas reales

Reto: En determinados casos, el cambio ciertamente va a traer consecuencias negativas a las personas, por lo que está justificado que se resistan a él.

Estrategia: Fingir que todo va a salir bien no ayudará: los gestores han de tomar la iniciativa y actuar rápidamente, hablando con las personas implicadas tan pronto como sea posible e involucrándolas en la solución. Tanto si la solución es exitosa como si finalmente los efectos negativos son ineludibles, estaremos facilitando que los miembros de nuestro equipo acepten la situación tal como es.

12

Mentoring

"La mente que se abre a una nueva idea, jamás volverá a su tamaño original".

Albert Einstein

Las empresas y organizaciones exitosas han descubierto que es el talento humano lo que generar la mayor diferenciación con su competencia y que dicho capital no les pertenece, no puede ser incluido en sus balances; no obstante, es reconocido a través de la valoración que el mercado hace de la organización.

Entonces retener o desarrollar el talento en la organización pasa a ser una estrategia crucial de desarrollo y en respuesta a ello algunas empresas aplican **Mentoring** como una eficaz herramienta que les permite obtener beneficios en esa línea, especialmente cuando ya han agotado la eficacia de los medios de atracción y retención tradicionales, tales como bonos, participación en las utilidades o paquetes accionarios.

Pero un programa de Mentoring no es solamente una herramienta de atracción o retención de talentos, posee también el inestimable valor de constituir el repositorio de conocimientos de la empresa donde se transfieren las experiencias desde aquellos colaboradores más experimentados y que probablemente se encuentren próximos al retiro, hacia los más noveles pero con gran potencial de desarrollo y por ende de generación de valor para la empresa.

El concepto de **Mentoring** se desarrolla a partir de la obra de Homero "La Odisea" particularmente cuando Ulises debe dejar a su familia para emprender su viaje y posterior lucha en Troya, dejando a cargo de la educación de su único hijo Telémaco al sabio Mentor quien se transforma en consecuencia la persona que guía y aconseja su aprendizaje desde una perspectiva de confianza y compromiso, en otras palabras, se incorpora la idea de transmisión de conocimientos y experiencias desde una persona que posee la maestría en algún área hacia un aprendiz que reconoce y valora dicha maestría.

En consecuencia uno de los pilares fundamentales de un proceso de Mentoring es que debe lograrse el vínculo de reconocimiento entre el mentor y el tutelado y corresponde a la **Fase De Inicio del proceso** donde el rol del mentor es principal ya que tiene por objetivo consolidar la relación con el tutelado.

El éxito de esta fase del proceso dependerá en buena medida de la capacidad de desarrollar confianza entre ambos, mentor y tutelado.

La **Fase De Desarrollo** permite avanzar en la consolidación, estabilización y satisfacción mutua, sin falsas expectativas; se han logrado definir objetivos y un plan de acción para alcanzarlos. Cobra importancia el rol del tutelado quien en virtud del plan y sus objetivos pasará a ser el protagonista de la relación. En esta fase se miden los logros alcanzados y se corrigen las deviaciones con base en las recomendaciones del mentor, en la lógica que el tutelado aporte su proactividad y el mentor le aporte desde su experiencia.

En el momento que se alcanzan los objetivos se deberá disolver la relación y por tanto opera la **Fase De Separación** donde tanto tutelado como mentor deben quedar satisfechos de los objetivos alcanzados y por ende plantearse nuevos desafíos, eventualmente, con el mismo mentor o con otro de mayor experiencia o conocimientos específicos en el área a desarrollar; lo cual daría lugar, a la última fase del proceso denominada **Redefinición De La Relación** a partir de la cual se establece una relación de iguales en el ámbito que han desarrollado en conjunto.

Algunas de las herramientas recomendadas para quien realiza la labor de mentor son las siguientes:

* **Matriz de Eisenhower o matriz de gestión del tiempo** que permite efectuar una clara definición de la utilización del tiempo en virtud de dos grandes variables la urgencia y la importancia, entendiendo sobre todo que el tiempo es un recurso que, a diferencia de otros, no posee un uso alternativo por tanto el tiempo que se desperdicia de la manera que sea, no puede ser utilizado por nadie más en ningún otro fin.

* **Mapa de empatía del tutelado,** basado en Design Thinking nos brinda una manera sencilla y eficiente de conocer al tutelado en términos de sus creencias, obstáculos o barreras y de sus aspiraciones y deseos.

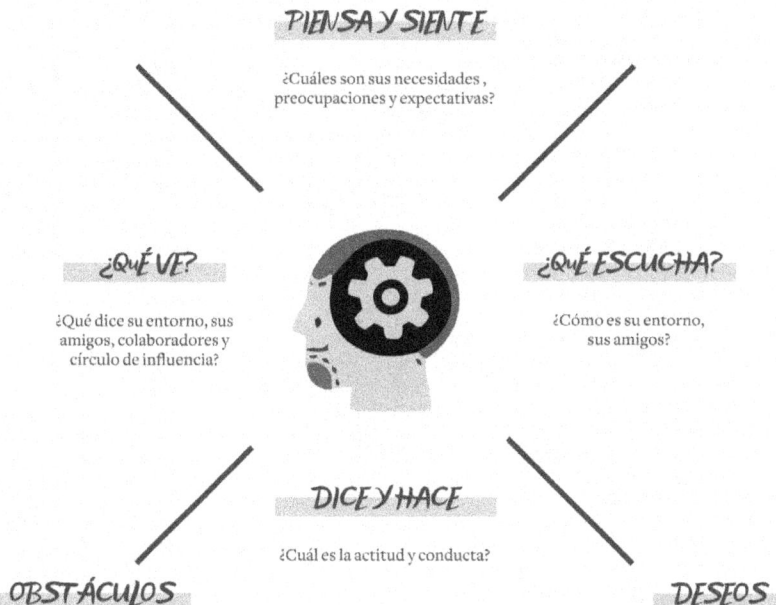

MAPA DE EMPATÍA

PIENSA Y SIENTE
¿Cuáles son sus necesidades, preocupaciones y expectativas?

¿QUÉ VE?
¿Qué dice su entorno, sus amigos, colaboradores y círculo de influencia?

¿QUÉ ESCUCHA?
¿Cómo es su entorno, sus amigos?

DICE Y HACE
¿Cuál es la actitud y conducta?

OBSTÁCULOS

DESEOS

✻ **La rueda del cambio propuesta por Marshall Goldsmith** nos facilita resolver las objeciones frente a los cambios y promover una visión participativa y apreciativa de los cambios, tanto a nivel organizacional como personal.

Hackeando el cambio.

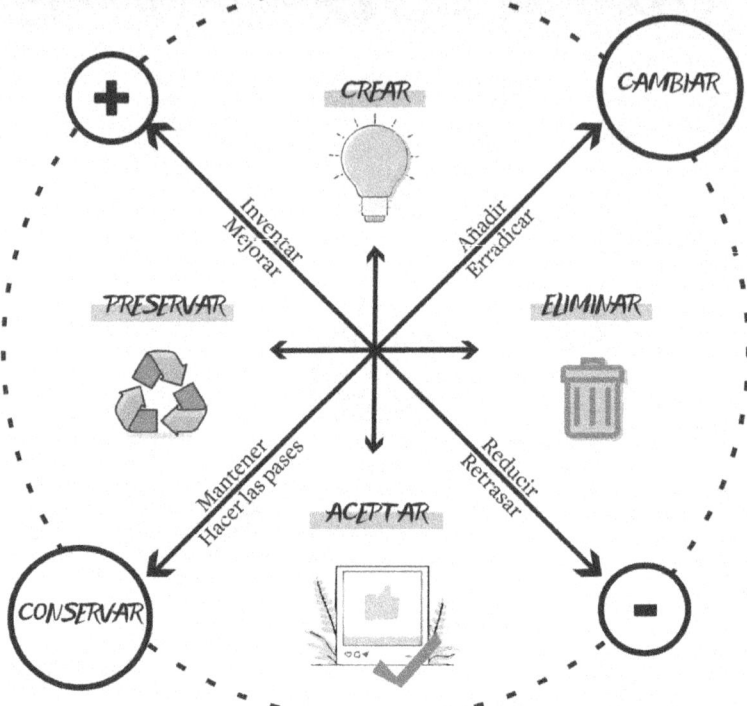

Palabras finales

¿Y ahora cómo seguimos?

"No compartir el conocimiento, es como encender una lámpara para guardarla en un cajón".

Comenzamos nuestro trabajo desde la premisa que lo único constante es el cambio y la constatación de ello está presente en cada uno de nosotros física, intelectual y emocionalmente; está presente en la sociedad en la que estamos insertos, que evoluciona día a día; está en la naturaleza donde podemos observar ejemplos contundentes de adaptación; entonces, ¿por qué resistirnos al cambio? Bueno simplemente porque es una opción; el cambio siempre está y sigue presente pero desde nuestro libre albedrío optamos por aceptarlo, transformándonos en protagonistas de ese cambio, aportando a su desarrollo y a nuestro propio crecimiento, o bien, podemos rechazarlo y optar por convertirnos en víctimas de las circunstancias; ya sea que lo aceptemos o no, el cambio ocurrirá y continuará ocurriendo de manera inmutable.

Si no te gusta donde estás, muévete no eres un árbol.

Esto que pareciera de una obviedad monumental es una de las cuestiones que probablemente más nos cuesta entender y asumir; ciertamente no estamos obligados a permanecer en un ambiente que nos resulte hostil, sea en el trabajo, estudio, en las relaciones familiares o sociales, podemos hacer las cosas de una manera distinta, por supuesto que para resolver dichas situaciones deberemos tomar acción, nada ocurre de lo contrario; no al menos en el sentido que quisiéramos.

Recuerda que somos responsables de nuestros resultados ya sea por acción u omisión. Por lo tanto, lo que hagas o dejes de hacer será motivo y razón de tus propios resultados. Por lo tanto hoy te encuentras donde llegaste en razón de tus propias opciones. Por eso, decide, actúa, sino alguien más lo hará por ti.

Todos los cambios, al igual que las personas, nacen pequeños. Son las acciones cotidianas las que emprendemos día con día las que permitirán, o no, que esos cambios crezcan, se desarrollen y alcancen el potencial que hemos visualizado. Podemos realizar cambios revolucionarios, disruptivos, de gran impacto en breve tiempo; o podemos adoptar una forma de cambio evolutivo que nos permita transitar con comodidad hacia nuestro destino. Tú eliges.

La Tierra se traslada alrededor del Sol a una velocidad promedio de 29,8 kilómetros por segundo y no somos capaces de percibir ese movimiento, ¿la razón? Simplemente porque se mantiene de manera constante, de igual manera nuestra motivación por alcanzar nuevos desafíos, lograr nuestras metas debe ser igualmente permanente.

Una persona, una empresa, el barrio, la sociedad, todos somos parte del mismo sistema; todos obedecemos los mismos principios; en consecuencia para todos y cada uno es válido lo que hemos planteado en este trabajo que no pretende concluir con este tema, sino que por el contrario estamos iniciando lo que esperamos será un largo camino de colaboración, aportes para el desarrollo personal, profesional u organizacional. Esperamos que este transitar sea mutuamente beneficioso y que las herramientas planteadas contribuyan a lograr los cambios que cada quien requiere en su propio desarrollo.

www.ingramcontent.com/pod-product-compliance
Lightning Source LLC
Chambersburg PA
CBHW021157160426
43194CB00007B/777